STEFAN WOLTERSDORFF

Mußestunden *in* Straßburg *und* Umgebung

66 LIEBLINGSPLÄTZE
und 11 Persönlichkeiten

STEFAN WOLTERSDORFF

*Muße*stunden *in* Straßburg *und* Umgebung

VON KIRCHEN, STÖRCHEN UND EUROPA

KULTUR

GMEINER

Autor und Verlag haben alle Informationen geprüft. Gleichwohl wissen wir, dass sich Gegebenheiten im Verlauf der Zeit ändern, daher erfolgen alle Angaben ohne Gewähr. Sollten Sie Feedback haben, bitte schreiben Sie uns! Über Ihre Rückmeldung zum Buch freuen sich Autor und Verlag: lieblingsplaetze@gmeiner-verlag.de

Besuchen Sie uns im Internet:
www.gmeiner-verlag.de

© 2015 – Gmeiner-Verlag GmbH
Im Ehnried 5, 88605 Meßkirch
Telefon 07575/2095-0
info@gmeiner-verlag.de
Alle Rechte vorbehalten
1. Auflage 2015

Lektorat/Korrektorat: Claudia Reinert
Satz: Julia Franze
Bildbearbeitung/Umschlaggestaltung: Alexander Somogyi
unter Verwendung eines Fotos von © Jonathan Stutz (Fotolia), Rückansicht des Straßburger Münsters, vorn die Passerelle de l'Abreuvoir
Kartendesign: © The World of Maps (www.123vectormaps.com)
Druck: AZ Druck und Datentechnik GmbH, Kempten
Printed in Germany
ISBN 978-3-8392-1783-2

DIE NACHBARSTADT KEHL

DAS FRANZÖSISCHE UND DEUTSCHE UMLAND

MÜNSTER UND MEHR
Vorwort

Nach 13 Jahren in der elsässischen Provinz konnte ich keine Geranien mehr sehen. Doch zum Glück gibt es sowohl in Straßburg als auch in Kehl, meinen beiden langjährigen Wohnorten, nur wenige davon. Überhaupt entspricht die Europastadt nur wenig jenem folkloristischen Abziehbild, das zahlreiche Reiseführer bis heute von ihr zeichnen und das viele Touristen daher auch erwarten. Mein Straßburg ist facettenreicher, widersprüchlicher, manchmal auch widerborstiger …

Um nicht schon auf der ersten Seite falsch verstanden zu werden: Doch, ich mag an der Stadt durchaus auch ihre elsässische Seite, und ich leide mit ihr, wo immer diese verloren zu gehen droht. Wie viele Straßburger ärgere ich mich über die auf rot-weiß getrimmte Einheitsküche, die vielerorts zu horrenden Preisen als typisch elsässisch verkauft wird. Dafür atme ich erleichtert auf, wenn ich, meist in Nebenstraßen, immer wieder auf neue, kleine Lokale stoße, deren Köche die Vielfalt elsässischer Rezepte noch kennen und zugleich kreativ weiterentwickeln. Auch ich halte es für eine verpasste Chance und einen historischen Fehler, dass das Strossburjerditsch aus dem öffentlichen Raum praktisch völlig verdrängt wurde und freue mich immer, wenn das Interesse an dieser jahrhundertealten Sprache trotz allem immer wieder aufflackert.

Aber das Straßburg des 21. Jahrhunderts ist eben nicht nur mit der viel beschworenen und im Grunde nie wirklich eingelösten französisch-elsässischen Doppelkultur zu beschreiben. Schon lange kommt in den Krankenhäusern der Stadt nicht nur das kleine Schängele zur Welt, sondern auch Rachid und Salika, Hui und Lin, Vasil und Ewa. Aus den Radios klingt immer seltener volkstümelndes Humpftata, dafür mehr französischer Rap, teilweise »maid in Sträsbörg«.

Doch nicht nur die Sprache, auch das Gesicht Straßburgs hat sich in den letzten Jahren rasant verändert, ja, der Wandel nimmt sogar weiter an Fahrt auf: Das Europa-Viertel wächst und wächst, aus dem einstigen Stadthafen wurde ein quirliges Wohn-, Kultur- und Geschäftsviertel und die Avenue du Rhin, symbolträchtige Verbin-

dungsachse von Straßburg und Kehl, verwandelt sich gerade in einen schicken Stadtboulevard.

Unweigerlich wird dies auch die Kontakte zum jeweiligen Nachbarn verändern und intensivieren, freilich nicht automatisch vereinfachen: Schon heute leben Tausende Deutsche auf Straßburger und Tausende Franzosen auf Kehler Seite. Diese deutsch-französische *mélange* ist dort mittlerweile sogar offensichtlicher als in Straßburg: Viele Läden schreiben ihre Angebote zweisprachig aus, immerhin kommt jeder zweite Kehler Kunde aus Frankreich. Wenn, wie geplant, ab 2017 beide Städte neben Bus und Bahn auch noch eine Tram-Linie verbindet, werden die Zahlen wohl noch weiter steigen. Eine europäische Kuschel-Party ist dennoch nicht zu erwarten, denn mehr Begegnung führt eben auch zu mehr Reibung. Aber gerade dies macht die künftige Doppelstadt am Rhein zu einem spannenden Labor, das für Besucher wie Bewohner eines jedenfalls nie sein wird: langweilig.

Da hier alles mit allem so eng verbunden ist, fiel mir die Auswahl und auch die Anordnung der Texte nicht immer leicht. An erster Stelle steht natürlich die Straßburger Altstadt, gefolgt von der wilhelminischen Neustadt und dem Villenviertel Robertsau, ferner der populären Krutenau und der Ville Nouvelle Richtung Rhein. Zusätzliche Kapitel zur deutschen Nachbarstadt Kehl sowie dem Hinterland beider Städte runden den Band ab. Die Auswahl meiner 66 Lieblingsplätze und 11 Persönlichkeiten ist natürlich völlig subjektiv und oft sogar zufällig. Wichtig war mir die geografische Streuung und eine gewisse thematische Vielfalt sowie im letzten Kapitel die Beschränkung auf Ausflüge, die maximal 40 Kilometer vom Straßburger Münster entfernt sind.

Obwohl es für alle erwähnten Orte sowohl deutsche als auch französische Namen gibt, habe ich mich aus praktischen Gründen auf die im jeweiligen Land amtliche Schreibung beschränkt. Nur bei Straßburg habe ich eine Ausnahme gemacht: Da die Europastadt irgendwie uns allen gehört, habe ich mir erlaubt, sie bei ihrem deutschen Namen zu nennen.

DIE GROSSE INSEL

KREUZ UND QUER DURCH DIE STRASSBURGER ALTSTADT

BLICK AUF DAS STRASSBURGER MÜNSTER VOM SCHLOSSPLATZ AUS.
AUF DER GEGENÜBERLIEGENDEN SEITE BEFINDET SICH
DAS FRAUENHAUS-MUSEUM.

MUSÉE DE L'ŒUVRE NOTRE-DAME /// 3 PLACE DU CHÂTEAU ///
67000 STRASBOURG /// 00 33 / 3 88 / 21 43 30 ///
WWW.CATHEDRALE-STRASBOURG.FR ///

Den Weg zum Straßburger Münster alias Cathédrale Notre-Dame alias 's Müenschter vun Strossburi muss man wirklich niemandem erklären: Egal welche Route durch die Innenstadt wir auch wählen, früher oder später stehen wir vor dem weltberühmten Bau aus rotem Vogesen-Sandstein. Irgendwie scheint er uns eben magisch anzuziehen, fast wie ein Magnetberg im Straßburger Häusermeer. Vielleicht ist er eben doch nicht nur ein Kunstwerk aus unbelebtem Stein, sondern ein lebendiges Wesen: Wie ein Baum war er dem deutschen Dichter Clemens Brentano erschienen, wie ein Engel seinem französischen Kollegen Paul Claudel. Die Straßburger Autorin Barbara Honigmann dachte gar an den Zeigefinger Gottes, während der Elsässer René Schickele sich an eine alte Dame mit übergroßem Hut erinnert fühlte.

Seit nunmehr tausend Jahren schon projizieren die Menschen ihre Hoffnungen, Ängste und Träume auf diesen Bau, denn so alt ist er bereits. Freilich blieb von diesem romanischen Münster im Wesentlichen nur die Krypta erhalten. Der übrige Bau wurde nach und nach im Stil der Gotik neu errichtet. Als ihr Prunkstück gilt die mächtige und doch verspielt wirkende Westfassade, ein Meisterwerk Erwins von Steinbach. Ein Epitaph an der Nord- und eine lebensgroße Statue an der Südseite des Münsters erinnern an den wohl bekanntesten Münster-Baumeister. Doch sein kühner Plan wurde von seinen Nachfolgern abgeändert: der Raum zwischen den ursprünglich zwei Glockentürmen wurde aufgefüllt, sodass ein durchgängiges Glockengeschoss entstand. In der frühen Neuzeit errichtete man auf der so entstandenen Plattform einen weiteren Treppenturm und jene berühmte Haube, die die Straßburger »Müenschterzipfel« tauften.

Fünf große Portale führen ins Innere des Münsters – es gibt eben auch hier mehr als nur einen Weg zu Gott. Tatsächlich haben die Steinmetze an jedem Portal ein anderes Thema gestaltet. Die drei an der Westfassade variieren Glaube, Hoffnung und Liebe. Das letztere ist natürlich das beliebteste. Also auf zum Portal der klugen und törichten Jungfrauen an der Südwestflanke. Der mittelalterliche Stein-

metz interpretiert hier ein Gleichnis aus dem Matthäus-Evangelium: Kluge Mädchen warten geduldig und sittsam auf ihren schon etwas älteren und hier bärtig dargestellten Bräutigam, während die törichten, nun ja … Leider steht das nicht in der Bibel, wohl aber für alle sichtbar und in Stein gehauen am Straßburger Münster.

Ein Jüngling mit schicker Schmalzlocke, gekleidet nach dem allerletzten modischen Schrei der Gotik, kommt von links lässig herangeschlendert. Da er aus Stein ist und daher nicht sprechen kann, lässt er in seiner Hand ein rundes Äpfelchen hüpfen und grinst dabei von einem Ohr zum anderen. Die so Angesprochenen verstehen diese Botschaft natürlich sofort, und da ihr Herz offenbar nicht nur aus Stein ist, reagieren sie auch prompt: Während die eine lustvoll ihre Hüften schwingt, ist die andere bereits dabei, mit einer lasziven Handbewegung den obersten Knopf ihres Gewandes zu öffnen. Leider vergisst sie dabei eine wichtige Grundregel der Partnerwahl: immer auch einen Blick hinter die Fassade zu werfen.

Wir dagegen tun dies und entdecken im Rücken des Herren Welt (so heißt er nämlich) Schlangen, Lurche und Kröten, niedere und somit teuflische Tiere also. Kein Zweifel – vor uns steht kein Mensch, sondern der Verführer selbst. Schaut also bitte erst einmal genau hin, scheint die Botschaft des Steinmetzen zu lauten, unterscheidet klug zwischen Schein und Sein. Eine durchaus noch aktuelle Aussage, wie man zugeben muss. Und eine europäische obendrein: Denn nichts anderes bedeutet das altgriechische Wort Europa: »Die (Frau) mit der weiten Sicht« (zusammengesetzt aus ευρύς/eurýs/weit und οψ/óps/Sicht). Sagte ich es schon? Wir befinden uns in einer der Hauptstädte Europas …

☞ Die klugen und törichten Jungfrauen am Münster sind Kopien, die Originale befinden sich im Frauenhaus-Museum (Musée de l'Œuvre Notre-Dame).

HERR WELT MIT TÖRICHTEN JUNGFRAUEN IN SEINEM GEFOLGE

NOTRE DAME DE STRASBOURG /// PLACE DE LA CATHÉDRALE ///
67000 STRASBOURG ///

ROMANISCHES KAPITELL IN DER KRYPTA DES MÜNSTERS,
ÜBER FÜHRUNGEN INFORMIERT DIE DIÖZESE.

PRESBYTÈRE DE LA CATHÉDRALE /// 1 RUE DE ROHAN ///
67060 STRASBOURG /// 00 33 / 3 88 / 21 43 34 ///
WWW.CATHEDRALE-STRASBOURG.FR ///

Der Legende nach wurde das Straßburger Münster über einem unterirdischen See errichtet. Nach dem Sieg des Christentums wurden die heidnischen Gottheiten dorthin verbannt, und so leben sie bis heute im wahrsten Sinne des Wortes »unter« uns. In der Geschichte steckt mehr als nur ein Körnchen Wahrheit.

Tatsächlich war der Untergrund von Straßburg wie fast überall in der Rheinebene feucht. Als man im 11. Jahrhundert das romanische Münster errichtete, musste der Boden mit Eichenstämmen stabilisiert werden. Doch durch die Begradigung des Rheins sank im 19. Jahrhundert der Grundwasserspiegel dramatisch ab, das Holz lag plötzlich auf dem Trockenen und wurde morsch. Um ein Haar wäre das Münster damals eingestürzt, wenn nicht der damalige Dombaumeister Johann Knauth Risse bemerkt und den Untergrund rechtzeitig mit Zement stabilisiert hätte. Und die heidnischen Geister? Um dies herauszufinden, nehmen wir die Treppe hinter der Apsis und steigen hinab in die Tiefen des Münsters und seiner Geschichte. Leider ist der Zugang meist abgesperrt, außer für Frühaufsteher: Jeden Sonntag um acht Uhr findet hier eine Morgenandacht statt.

Also, den Wecker gestellt, einen starken Kaffee gekocht und auf ins Münster: Tatsächlich steht die Tür nun offen, doch wer sich auf einen unterirdischen See freute, wird enttäuscht: Nach einigen Stufen finden wir uns in einer weiteren Kirche wieder, der Krypta. Der dreischiffige romanische Bau ist der faszinierende Rest des 1015 vom damaligen Bischof in Auftrag gegebenen und nach ihm benannten »Wernher-Münsters«. Im Mittelschiff wechseln sich Pfeiler und Säulen ab, letztere von skulptierten Kapitellen geschmückt. Sie zeigen fantastische Ornamente, rätselhaftes Blattwerk und … diverse Fabelwesen und Teufelsfratzen. Da sind sie also, und wirken noch immer so lebendig wie vor tausend Jahren.

⚘ Während der Sommerferien kann die Krypta im Rahmen von Führungen täglich besichtigt werden, die deutsche Tour startet um 14 Uhr am Info-Stand im Münster.

VON VIER STRASSEN AUS FÜHREN SIEBEN SCHMALE DURCHGÄNGE AUF DEN PLATZ: RUE DES FRÈRES, RUE DES SOEURS, RUE DES ÉCRIVAINS UND RUE DU CHAPON.

KINDER, KUNST UND KÜCHE

Place du Marché Gayot

Rund um das Münster gibt es nur Touristen? Im Prinzip ja, aber ... hier kommt mein persönlicher Geheimtipp (also bitte nicht weitersagen): Nur wenige Meter von der Kathedrale entfernt, aber gut versteckt vor neugierigen Blicken, liegt die Place du Marché Gayot, von Insidern kurz und bündig P.D.M.G. genannt. Sieben schmale Durchgänge führen auf den fast quadratischen Platz.

1769 ließ ihn François-Marie de Gayot in seiner Funktion als königlicher Statthalter am Ort eines abgebrannten Palais unter dem Namen Cour Brûlée anlegen. Das Projekt war Teil einer grundlegenden Stadtsanierung, deren Ziel es war, die mittelalterlich-enge Bebauung aufzubrechen. Das Ergebnis sieht ein wenig nach Puppenstube aus: idyllische Fachwerkhäuschen, niedrige Türen, schmale Fenster ... Der Straßburger Dichter Jean-Paul Klée, der viele Jahre hier ein Appartement bewohnte, erzählt sogar, der Straßburger Kardinal Louis-René Edouard de Rohan-Guéméné habe hier im 18. Jahrhundert kleinwüchsige Menschen aus seinem Hofstaat untergebracht.

Ob Legende oder Wahrheit: Die kleinen Leute gehören noch heute fest zum P.D.M.G. dazu. An warmen Tagen nämlich tollen häufig Kinder auf der großen Metallskulptur *La pierre trouée* (Der durchlöcherte Stein) herum, die 2003 in der Platzmitte aufgestellt wurde. Der Name spielt auf den Vogesenort Pierre Percée an, wo ihr Schöpfer, der französische Installationskünstler Jean Clareboudt, seine letzten Lebensjahre verbrachte. Wer sich der Kunst lieber kontemplativ nähert, statt auf ihr herumzuturnen, kann sich auf einer der schattigen Terrassen niederlassen. Gleich mehrere Cafés reihen sich an der Nordseite des Platzes aneinander, während an der Südseite diverse Restaurants mit regionaler, nationaler und internationaler Küche aufwarten. Und auch die Preise sind durchaus noch familiär ...

⌀ An diesem Platz hat der Verein Eurobabel seinen Sitz, der seit 2005 alljährlich einen Schriftsteller mit dem Europäischen Literaturpreis auszeichnet.

BLICK VON DER WASSERSEITE (PONT SAINTE MADELEINE) AUF DAS
ROHAN-SCHLOSS, DAS DREI MUSEEN BEHERBERGT.

MUSÉE ARCHÉOLOGIQUE /// 2 PLACE DU CHÂTEAU ///
67000 STRASBOURG /// 00 33 / 3 88 / 52 50 00 ///
WWW.MUSEES.STRASBOURG.EU ///

Nirgendwo sonst kommen sich Adels- und Bauernstand so nahe wie am Marché aux poissons. Noch heute findet auf dem ehemaligen Fischmarkt am Illufer jeden Samstag Vormittag der Marché des producteurs statt, die Edelausgabe unter den insgesamt 20 Straßburger Wochenmärkten: Ausgewählte Produzenten aus dem ganzen Elsass bieten hier ihre frischen und mehrheitlich biologischen Produkte an: Käse, Gänseleber, Kräuter, Schokolade …

Direkt neben dem Platz steht seit der ersten Hälfte des 18. Jahrhunderts das ehemals bischöfliche Schloss. Es trägt den Namen einer einst mächtigen Familie des französischen Hochadels, den Rohans. Sie stellte die letzten vier Fürstbischöfe Straßburgs, die bis zur Französischen Revolution hier residierten. Ihr Bistum umfasste große Teile des Nieder-Elsass, aber auch Gebiete auf der rechten Rheinseite. Der letzte Rohan auf dem Straßburger Bischofsstuhl war auch der bekannteste: Louis René Edouard de Rohan-Guéméné. In den Jahren vor Ausbruch der Revolution war er in zwei Affären verstrickt, mit denen er sich selbst und dem absolutistischen Staat das politische Grab schaufelte: Ins Stolpern brachte ihn Cagliostro, den er 1780 an seinen Hof holte. Der skandalumwitterte Wunderheiler gründete in Straßburg eine freimaurerische Geheimloge, die als vorrevolutionäres Sammelbecken galt. Fünf Jahre später stürzte Rohan über die sogenannte Halsbandaffäre. 1790 schließlich musste er vor der Revolution in seine rechtsrheinischen Besitzungen nach Ettenheim fliehen, wo er 1803 starb.

Sein Schloss beherbergte danach noch so manche Untermieter: den revolutionären Magistrat der Stadt, Kaiser Napoleon, die Universität Straßburg und heute drei städtische Museen: Im Untergeschoss das für Archäologie, im Parterre das für Kunstgewerbe und im ersten Stock das für die Schönen Künste. Doch Rohans Name steht immer noch am Eingang …

✍   Im archäologischen Museum veranschaulicht ein Stadtmodell, wie Straßburg zur Römerzeit ausgesehen hat.

BUNTES TREIBEN AUF DEM FLOHMARKT (ECKE ZUR PLACE DES TRIPIERS).

MARCHÉ AUX PUCES /// RUE DU VIEUX MARCHÉ AUX POISSONS /// 67000 STRASBOURG ///

VOM FISCH- ZUM FLOHMARKT
Rue du vieux marché aux poissons

»Ich bezog ein kleines, aber wohlgelegenes und anmutiges Quartier an der Sommerseite des Fischmarktes …« Diese Zeilen stammen von Johann Wolfgang Goethe, der 1770 als Jurastudent nach Straßburg kam und sich im Haus 35 am Alten Fischmarkt eine Studentenbude mietete. Eine schlichte Tafel, die unter dem Doppelfenster von Goethes einstiger Wohnung angebracht wurde, erinnert daran.

Der lang gezogene Platz ist Teil einer schnurgeraden Straße, die auf die Römer zurückgeht und der die elsässische Hauptstadt ihren heutigen Namen Straß-Burg verdankt. Es ist aber auch eine europäische Schicksalsstraße, über die Deutschland und Frankreich miteinander verbunden oder auch verstrickt sind. Jahrhundertelang zogen Händler und »Gedankenschmuggler« diesen Weg entlang, brachten aus dem Osten die Reformation und aus dem Westen die Revolution ins Land, und leider immer wieder auch den Krieg …

Der Studiosus Goethe freilich erlebte den Platz in einer Zeit relativen Friedens, als er noch als Fischmarkt fungierte und wohl entsprechend aromatisch roch. Der Fang wurde von den Männern per Boot über die Ill herbeigebracht und von ihren Frauen vor Ort verkauft. Deren derbe und volkstümliche Sprache hatte es dem Frankfurter Bürgersohn sichtlich angetan, so manche Kraftausdrücke, die er später seinem Götz von Berlichingen in den Mund legte, dürfte er hier aufgeschnappt haben. Vermutlich besuchte Goethe auch das deutsche Theater im Haus zum Moerlin schräg gegenüber. Natürlich gab es in der schon damals zweisprachigen Stadt auch ein französisches Schauspielhaus, das Théâtre de la Comédie. Dort, an der heutigen Place Broglie, traf sich die bessere Gesellschaft, während das deutschsprachige Pendant am Fischmarkt ein Treffpunkt des einfacheren Volkes war. Goethe scheint letzteres lieber gewesen zu sein …

Mittwochs und samstags findet rund um den Alten Fischmarkt ein viel besuchter Flohmarkt statt, Marché aux puces oder Grimbelesmärik genannt.

GOETHE 1770-71

EINE GEDENKTAFEL ZIERT DAS EINSTIGE WOHNHAUS GOETHES
(36 RUE DU VIEUX MARCHÉ AUX POISSONS), EINE STATUE
DEN UNIVERSITÄTSPLATZ. DIE DER UNIVERSITÄT ANGEGLIEDERTE
GOETHE-GESELLSCHAFT KÜMMERT SICH UM SEIN GEISTIGES ERBE.

SOCIÉTÉ GOETHE DE FRANCE /// 22 RUE RENÉ DESCARTES ///
67084 STRASBOURG /// WWW.SOCIETE-GOETHE.FR ///

DER FAULE STUDENT
Johann Wolfgang Goethe in Straßburg

»Sehr mittelmäßig« fand der junge Goethe die Stadt Straßburg, als er im Sommer 1770 hier mit der Kutsche ankam. Auf Wunsch des Vaters sollte er sein Leipziger Jurastudium mit einer französischen Promotion krönen, wozu er aber nur wenig Lust verspürte. Tatsächlich sah Goethe die Universität kaum von innen, seine Doktorarbeit wurde gar nicht erst zugelassen und verschwand schließlich auf rätselhafte Art und Weise. Und doch zählt die Zeit in Straßburg zu den reichsten in Goethes Leben.

Unter den elsässischen und deutschen Studenten fand er bald gute Freunde, deren Neigung, ihr »gewöhnliches Weindeputat zu überschreiten« (Goethe) und dann wenig schickliche Gesprächsthemen zu wählen, eine stete Sorge ihres Professors Salzmann blieb. Doch als Johann Gottfried Herder, der ebenfalls mehrere Monate in Straßburg verbrachte, zu dieser Tischgesellschaft stieß, entwickelte sie sich zu einer Keimzelle des Sturm und Drang. Der Philosoph Herder weckte in den jungen Leuten das Interesse für mittelalterliche Baukunst und die eigene Geschichte, für das Volkslied und die Kultur der einfachen Stände sowie für Shakespeare und dessen allen klassischen Regeln widersprechenden Dramen. Vor allem aber machte er ihnen Mut zu eigenen literarischen Produktionen. Goethes Interesse am Faust-Stoff, seine im Volksliedton verfassten Sesenheimer Lieder und sein im Shakespeare-Stil verfasstes Götz-Drama haben hier ihre Wurzeln.

Andere Tischbrüder gingen später noch weiter: Jakob M. R. Lenz gründete in Straßburg eine Gesellschaft, in der er für einen »republikanischen Sprachgebrauch« warb und damit die Revolution gedanklich mit vorbereitete. Franz Christian Lersé diente der jungen Republik als Kommandant der Garde Nationale in Colmar. Wie man sieht, war der Sturm und Drang auch ein Vorspiel zum Sturm auf die Bastille …

    Die berühmte Tischgesellschaft traf sich in der Wirtsstube der ehemaligen Pension Lauth, die zwei Schwestern in der heutigen Rue de l'ail Nummer 22 führten.

SCHIFFSANLEGESTELLE VOR DER GROSSEN METZIG (GRANDE BOUCHERIE),
HEUTE SITZ DES HISTORISCHEN MUSEUMS

MUSÉE HISTORIQUE /// 2 RUE DU VIEUX MARCHÉ AUX POISSONS /./
67000 STRASBOURG /// 00 33 / 3 88 / 52 50 00 ///
WWW.MUSEES.STRASBOURG.EU/INDEX.PHP?PAGE=MUSEE-HISTO-DE ///

Die hölzernen Sitze sind etwas unbequem, das Licht wird langsam schwächer und plötzlich spricht eine Stimme zu uns. Sind wir im Theater, im Kino? Nein, wir befinden uns in der ersten Etage eines Museums. Wenn es wieder hell wird, fällt unser Blick auf ein riesiges Stadtmodell, so groß wie ein Appartement. Auf 23 Holzplatten vermittelt es im Maßstab 1:600 ein exaktes Bild von Straßburg im Jahr 1726 mit seiner mittelalterlichen Altstadt, seiner Festung aus der Zeit Ludwigs XIV. und dem noch bäuerlich geprägten Umland.

Die Details sind liebevoll gestaltet: Bäume und Felder aus Flockseide, Häuser aus Holz und bemaltes Pappmaché. Vieles ist längst verschwunden und existiert nur noch auf diesem Modell: die einst zahlreichen Stadttore, die alte Pfalz, die mächtige Zitadelle, die innerstädtischen Kanäle … Vater Rhein zeigt sich noch in seiner ursprünglichen Form, wild und ungebändigt, mit zahlreichen Inseln, Seitenarmen und kleinen Fischerdörfern.

Und dann taucht der Schöpfer des Modells persönlich auf: François de la Devèze. Wie ein Geist schwebt er über dem Stadtbild und erläutert dessen Geschichte: freundlicherweise wahlweise auf Französisch, Englisch oder Deutsch. Er spricht von seinem Auftraggeber, dem lebensfrohen Ludwig XV., der das Stadtmodell im Louvre aufstellen ließ. Später wanderte es in den Tuilerien-Palast und den Invalidendom, kam 1815 als Kriegsbeute nach Berlin und 1902 als Geschenk Kaiser Wilhelms II. zurück nach Straßburg. Damit ist es selbst nicht nur Spiegel, sondern Teil jener vertrackten deutsch-französischen Geschichte, die in diesem 1920 gegründeten und 2013 neu eröffneten Museum ausführlich dargestellt wird. Denn abgesehen von diesem Stadtmodell gibt es hier noch zahlreiche andere Objekte aus tausend Jahren Stadtgeschichte zu bewundern. Bis heute habe ich nicht alles gesehen.

✎   Außer montags hat das Museum täglich von 10 bis 18 Uhr geöffnet. Der Eintritt ist für Minderjährige immer, für Erwachsene an jedem ersten Sonntag im Monat frei.

KEIN TANTE-EMMA-LADEN, SONDERN DER TRESEN DER KLEINEN GASTSTÄTTE

L'EPICERIE /// 6 RUE DU VIEUX SEIGLE /// 67000 STRASBOURG /// 00 33 / 3 88 / 32 52 41 /// WWW.LEPICERIE-STRASBOURG.COM ///

STULLEN FÜR FEINSCHMECKER
L'Epicerie

Gemischtwarenladen, Lebensmittelladen, Kramladen ... Das Wörterbuch bietet viele Übersetzungen für das Wort Epicerie. Doch hinter dem Namen versteckt sich in Straßburg etwas ganz anderes: ein kleines, originelles Restaurant, das sich in einer unauffälligen Seitenstraße hinter dem Kino Vox versteckt.

Die einen kommen hierher wegen der originellen Einrichtung, die mit ihrem alten Tresen, der großen Waage und den Wandregalen an einen Tante-Emma-Laden aus der Belle Epoque erinnert. Die anderen schätzen die gemütliche Atmosphäre an den rustikalen Holztischen, wo sich im romantischen Halbdunkel und zu französischen Chansons bis spät in die Nacht hinein ein meist etwas jüngeres Publikum trifft. Und wieder andere, darunter auch der Autor dieser Zeilen, sind der Spezialität des Hauses verfallen, den Tartines. Wieder so ein Wort, für das es keine richtige Übersetzung gibt: Schnitte, Stulle, Bemme klingt zu einfach, denn das, was hier serviert wird, sind kleine Kunstwerke, die freilich durchaus auch einen größeren Hunger stillen.

Auf dick geschnittenen und selbst gebackenen Brotscheiben türmen sich ungewöhnliche, aber stets ausgesprochen schmackhafte Kombinationen aus Käse und Honig, Kräutern und Nüssen. Die witzig gestaltete Speisekarte bietet zahlreiche Varianten, allein schon für die Lektüre sollte man Zeit einplanen. Dazu gibt es eine wechselnde, aber immer leckere Tagessuppe und natürlich Getränke aller Art. An kalten Tagen schmeckt mir besonders die kräftige heiße Schokolade, die man auch auf der kleinen, und bei Bedarf beheizten Terrasse trinken kann. Die nach alten, oft vergessenen Rezepten komponierten Aperitifs sollte man sich eigentlich vorweg gönnen, aber mir schmecken sie, allen Regeln zum Trotz, am besten hinterher. In diesem Sinne: »Bon appétit« oder »E güet'r!«

  Nach dem Essen schmeckt eines der selbst gebrauten Biere in der benachbarten Micro-Brasserie de la Lanterne besonders gut (5 Rue de la Lanterne).

XPO

hv

IHO

GRABPLATTE VON JOHANNES TAULER AUS DEM JAHR 1361

TEMPLE NEUF /// PLACE DU TEMPLE NEUF /// 67000 STRASBOURG ///
00 33 / 3 88 / 32 89 89 /// WWW.TEMPLENEUF.ORG ///

Zu meinen liebsten Adventsliedern gehört *Es kommt ein Schiff, geladen*. Der Text wird Johannes Tauler zugeschrieben, einem Straßburger Dominikanermönch aus dem 14. Jahrhundert. Es war eine finstere Zeit: Die staatliche Macht in Deutschland und Frankreich zerfiel, in beiden Ländern wütete die schwarze Pest, Judenpogrome forderten weitere Opfer, leider auch in Straßburg. Als Zufluchtsort blieb den geistigen Menschen jener Zeit nur der Weg nach innen. Es ist der Pfad der Mystik, zu deren wichtigsten Vertretern jener Tauler gehörte, ein Schüler Meister Eckharts. Ihre Begegnung dürfte im Straßburger Dominikanerkloster stattgefunden haben, am Ort des heutigen Temple Neuf.

Die Geschichte dieses Ortes ist selbst für elsässische Verhältnisse ziemlich verzwickt: Mit der Reformation wurde das Kloster aufgelöst. In die leeren Gebäude zog ein protestantisches Gymnasium ein, Vorläufer des heutigen Lycée Jean Sturm und Keimzelle der Straßburger Universität. In der Klosterkirche versammelten sich zunächst französischsprachige Protestanten um Jean Calvin, später wurde sie den deutschsprachigen Lutheranern zugewiesen. Ab der Französischen Revolution diente der Bau als städtische Bibliothek, eine fatale Entscheidung: Als Straßburg 1870 von preußischer Artillerie beschossen wurde, brannte er vollständig nieder, von den kostbaren Buchschätzen aus tausend Jahren elsässischer Geschichte blieb nur ein Häufchen Asche.

Doch einige Grabdenkmäler überstanden das Feuer, darunter das von Tauler. Als vier Jahre später an dieser Brandstätte mit dem Bau des heutigen Temple Neuf begonnen wurde, integrierte man diese Relikte in den neo-romanischen Neubau. Manchmal besuche ich Tauler an seinem neuen, alten Wohnort, gleich links vom Eingang. Und wenn es keiner merkt, summe ich leise sein Lied vor mich hin …

🖉 An der Place du Temple Neuf Nr. 17 wurde Johann Friedrich Oberlin geboren, eine Gedenktafel erinnert er an den berühmten Theologen, Pädagogen und Vater des Kindergartens.

BÜCHERMARKT AUF DEM KLEBERPLATZ, DAHINTER DIE AUBETTE

CENTRE COMMERCIAL DE L'AUBETTE /// 31 PLACE KLÉBER ///
67000 STRASBOURG /// 00 33 / 3 88 / 5 10 19 00 ///
WWW.LAUBETTE.COM ///

EINE LEICHE IM KELLER

Place Kléber

Er ist so vielfältig und ewig unfertig wie das Elsass, und gerade deshalb würdig, Straßburgs zentraler Platz zu sein. Sein Name wechselte ebenso häufig wie seine Funktion: Angelegt am Ort eines Franziskanerklosters, hieß er ursprünglich Barfüßerplatz, wurde im 17. Jahrhundert zum Waffenplatz, im 18. zum Richtplatz und im 19. zur Place Kléber. Der Name erinnert an einen Straßburger, der als General für Napoleon kämpfte und in Ägypten von einem Freischärler ermordet wurde. 1838 wurden die sterblichen Überreste von Jean-Baptiste Kléber in einer Gruft unter dem Platz beigesetzt, darüber errichtete man ein Bronzedenkmal.

Freilich vernachlässigt der Platz den rechten Winkel und damit jede militärische Zucht und Ordnung. Krumm und schief, wie eine verlotterte Armee, stehen Straßburgs Häuser um ihren General herum: spätmittelalterliche Fachwerkhäuser im Osten, Geschäftshäuser aus der deutschen Kaiserzeit im Süden und ein grauer Betonkasten im Westen, der unter dem irreführenden Namen Maison Rouge die moderne Architektur blamiert.

Wenden wir unser Augenmerk daher besser dem aus rosa Sandstein errichteten Bau an der Nordseite des Platzes zu: der Aubette. 1778 als Stadtwache errichtet, fiel sie 1871 den preußischen Bomben zum Opfer. Seit dem Wiederaufbau beherbergt ihr linker Flügel einen Konzertsaal, an der Fassade angebrachte Reliefs großer Komponisten werben dafür. Im rechten Flügel wurde in den 20er-Jahren nach Plänen von Sophie und Jean Hans Arp sowie Theo van Doesburg das Ciné-Dancing eingerichtet: ein Kultur- und Freizeitzentrum auf vier Etagen. 1938 wurde dieses avantgardistische Ensemble leider zerstört, seit 1985 arbeitet man an einer Rekonstruktion. Seit 2006 hat der erste Stock sein ursprüngliches Aussehen wiedererlangt. Kostenlose Besichtigungen sind Mittwoch- bis Samstagnachmittag möglich.

✍ Jeweils dienstags, mittwochs und samstags findet auf der Place Kléber am Vormittag ein Büchermarkt mit zahlreichen Ständen statt.

EINGANG IN DIE CAFÉ-BAR DES KULT-KINOS ODYSSÉE

CINÉMA ODYSSÉE /// 3 RUE DE FRANCS-BOURGEOIS ///
67000 STRASBOURG /// 00 33 / 3 88 / 75 10 47 ///
WWW.CINEMAODYSSEE.COM ///

Frankreich ist Kinoland. Kaum eine Stadt, die nicht über ihr eigenes Programmkino verfügt, wobei die Filme hierzulande meist in der Originalversion mit französischem Untertitel laufen. Viele Sprachen der Welt habe ich zum ersten Mal in meinem Leben in einem französischen Kinosessel gehört.

Treffpunkt der Straßburger Cineasten ist das Cinéma Odyssee gleich hinter der Place Kléber. Alles hier ist Kult: das altmodische Kassenhäuschen mit der oft langen Warteschlange bis hinaus auf die Straße, die schlauchartig enge Café-Bar, in der man die Filme auf TV-Schirmen mitverfolgen kann, die knallroten Plüschsessel im großen Vorführraum, die neo-barocken Stuckaturen aus der Zeit der Belle Epoque und der schwere Vorhang, der sich seit über 100 Jahren zu Beginn einer jeden Veranstaltung auf die stets gleiche Weise langsam und feierlich öffnet.

1913 war das Haus unter dem deutschen Namen Union-Theater eröffnet worden, eine Anspielung auf das berühmte Kino gleichen Namens am Berliner Alexanderplatz. Nach dem Ersten Weltkrieg übernahm der französische Filmgigant Gaumont das Haus und gab ihm den neuen Namen Cinéma ABC. 1986 musste es Konkurs anmelden, öffnete aber sechs Jahre später als kulturelles Zentrum und unter seinem heutigen Namen neu. Ein städtischer Verein, der auch an anderen Orten des Elsass anspruchsvolle Kinos betreibt, kümmert sich um das vielfältige Programm, das alte und selten gezeigte Filme ebenso umfasst wie Workshops und Diskussionsrunden mit Filmschaffenden und Wissenschaftlern. Auch ein pädagogischer Dienst für Kinder und Jugendliche gehört dazu. Markenzeichen des Odyssée sind seine thematischen Filmzyklen zum jungen Kino aus Ländern wie Griechenland, Polen, Portugal und der Türkei. Alle zwei Wochen informiert ein kostenloser Flyer in markantem Zeitungsformat über das aktuelle Programm.

✎ Links neben dem Kino befindet sich die Librairie Kléber. In ihrem Veranstaltungsraum, der Salle Blanche, finden regelmäßig Autorenlesungen statt.

GOURMET-ESSEN MIT BISS
Restaurant au Crocodile

Am Anfang steht eine Legende: Von Napoleons Ägypten-Feldzug brachte Hauptmann Ackermann ein ausgestopftes Krokodil mit, das er am Nil geschossen hatte. In Straßburg eröffnete der Veteran 1801 ein bescheidenes Gasthaus, in dem er das tote Reptil ausstellte. Schon bald strömte die Kundschaft in sein Haus, wohl eher wegen des Krokodils als wegen der eher schlichten Küche. Doch das sollte sich bald ändern.

Mit der Französischen Revolution waren zahlreiche Köche, die bisher in den Diensten adeliger Herren gestanden hatten, arbeitslos geworden und eröffneten nun Restaurants: Es war die Geburtsstunde der französischen Haute Cuisine, die auch im Elsass, wo man seit jeher gute Küche schätzte, rasch viele Anhänger fand. Doch erst zwei Generationen später, kurz nach dem Deutsch-Französischen Krieg, wurde auch die Auberge au Crocodile zu einem solchen Gastro-Tempel umgestaltet: Mit einem im Eiffel-Stil überdachten Innenhof und einem großen Wandgemälde von François-Adolphe Grison aus Bordeaux. Es zeigt die Pariser Place Sainte-Madeleine zur Zeit von Napoléon III., ein stiller Protest gegen die deutsche Annexion des Elsass. Daneben behielt aber auch das Krokodil seinen Ehrenplatz an der Decke des Lokals.

1971 übernahm Emile Jung die Leitung, dessen originelle Küche der Guide Michelin mit einem wahren Sternen-Regen belohnte. Auch viele Politiker entdeckten damals ihre Liebe zu dem Lokal: 1980 gründeten Europaabgeordnete den Club du crocodile, dessen Mitglieder hier den ersten Entwurf zu einer europäischen Verfassung formulierten.

Wer sich auf das geschmackliche Abenteuer eines Menüs im Crocodile einlassen möchte, sollte vorher reservieren und Zeit, Neugier sowie das nötige Kleingeld mitbringen. Doch die ständig wechselnden Kreationen Philippe Bohrers, des heutigen Chefkochs, lohnen sich auf jeden Fall.

Für Feinschmecker mit schmalerem Geldbeutel bietet sich das Mittagsmenü »Trois quarts d'heure en saveurs« an, das von Dienstag bis Samstag angeboten wird.

SEIT DER 2005 ABGESCHLOSSENEN RESTAURIERUNG ERSTRAHLT DER
KREUZGANG DER JUNG-SANKT-PETERS-KIRCHE WIEDER IN ALTEM GLANZ

SAINT-PIERRE-LE-JEUNE /// PLACE SAINT-PIERRE-LE-JEUNE ///
67000 STRASBOURG /// 00 33 / 3 88 / 32 41 61 ///
WWW.SAINTPIERRELEJEUNE.ORG ///

KRAFT AUS DER STILLE
Saint-Pierre-le-Jeune

Wenn mir der städtische Trubel zu viel wird, zieht es mich oft in die Kirche Saint-Pierre-le-Jeune. Um nicht gleich entdeckt zu werden, hat sie sich ein Versteckspiel ausgedacht: Sie ist zweimal auf dem Stadtplan verzeichnet. Aber welche Adresse ist die richtige? Wie so oft im Elsass sind die Dinge auch hier kompliziert:

Als Straßburg 1681 französisch wurde, beließ Ludwig XIV. der Stadt ihre religiöse Eigenständigkeit. Anders als im übrigen Königreich konnten die Protestanten hier ihre Religion weiter frei ausüben. Allerdings mussten sie ihr Gotteshaus mit den Katholiken teilen, wenn es in ihrer Gemeinde solche gab. Eine solcher Ort gelebter Toleranz war auch die Jung-Sankt-Peterskirche. Leider wurden diese Simultankirchen unter deutscher Herrschaft meist aufgelöst, so auch in diesem Fall: Ab 1889 errichtete man für die katholische Gemeinde einen neoromanischen Kuppelbau, der den gleichen Namen wie sein spätgotischer Vorgänger erhielt.

Doch uns interessiert der Bau aus dem 14. Jahrhundert: Im Inneren umfängt den Besucher ein meditatives Dunkel, aus dem sich langsam Grabdenkmäler, Wandfresken und ein wunderschöner Lettner lösen, den eine herrliche Silbermann-Orgel krönt. Und doch halte ich mich hier nur selten lange auf, sondern schlüpfe durch die kleine Tür auf der anderen Seite in den benachbarten Kreuzgang. Es könnte der älteste erhaltene Kreuzgang nördlich der Alpen sein, drei der vier Arkadengänge stammen noch aus dem 11. Jahrhundert. Doch damit ist wenig gesagt: Der Ort mit seinem kleinen Garten, den altehrwürdigen Grabplatten am Boden und den Fresken an den Wänden strahlt eine meditative Ruhe aus, die mich immer wieder in ihren Bann zieht. Obwohl unweit dieser Mauern der Verkehr braust, hören wir hier nur die Vögel, den Wind und manchmal auch eine Stimme in uns selbst.

🖋 Die Fresken im Kreuzgang entstanden um 1900 und zeigen Motive aus dem Hortus Deliciarum, einer elsässischen Enzyklopädie des 12. Jahrhunderts.

DIE PLACE BROGLIE IST EIN TREFFPUNKT FÜR KULTURFREUNDE: MIT SEINEM KÜNSTLERMARKT UND SEINER OPER.

OPÉRA NATIONAL DU RHIN /// 19 PLACE BROGLIE ///
67008 STRASBOURG /// 00 33 / 3 88 / 75 48 00 ///
WWW.OPERANATIONALDURHIN.EU ///

MUSIK, MONETEN UND MILITÄRS

Place Broglie

Mit ihren streng gestutzten und in Reih und Glied gepflanzten Platanen gehört die Place Broglie eigentlich nicht zu meinen Lieblingsplätzen. Doch viermal im Jahr verwandelt sich das hässliche Entlein in einen bunten Paradiesvogel – aus der Place Broglie wird für ein Wochenende die Place des Arts. Es ist eine Kunstgalerie unter freiem Himmel: An die 200 Maler und Töpfer, Bildhauer und Fotografen aus Frankreich und dem nahen Ausland bieten ihre Werke zur Ansicht und zum Verkauf. Ein Verein achtet auf die Auswahl der Künstler, rund ein Drittel wechselt jedes Jahr.

Der Name dieses Platzes, den Theodor Fontane einst mit *Unter den Linden* in Berlin verglich, erinnert an den Duc de Broglie, im 18. Jahrhundert königlicher Gouverneur des Elsass. Doch sein heutiges Gesicht bekam der Platz im 19. Jahrhundert. Drei Tempel des damals mächtigen Bürgertums schmücken ihn: die Oper, das Rathaus und die Bank, also Tempel der Musen, der Macht und des Geldes. Das älteste dieser Gebäude ist das heutige Rathaus (seit 1805), einst Stadtpalais der Fürsten von Hanau-Lichtenberg. Die Banque de France gegenüber steht genau an dem Ort, wo 1792 erstmals die Marseillaise erklang. Die Stirnseite des Platzes schließlich ziert das städtische Theater. 1870 war es preußischen Bomben zum Opfer gefallen, wurde aber rekonstruiert und beheimatet heute das elsässische Theater und die Opéra du Rhin, eines der führenden Opernhäuser Frankreichs.

1902 wurde vor dem Theater ein Vater-Rhein-Brunnen aufgestellt, der den Flussgott splitternackt zeigte. Die Empörung war groß, unterschiedlichste Lösungsvorschläge wurden gemacht, bis hin zu der Idee, ihm ein keusches Nachthemd anzuziehen. Nach dem Ersten Weltkrieg wurde er wieder abgebaut und kam einige Jahre später nach München. Dort steht der Rheingott noch heute, umspült von zwei Armen der Isar …

Im Palais Gayot an der Place Broglie kam der spätere König Ludwig I. von Bayern zur Welt. Seit 1806 residiert hier der Straßburger Militärgouverneur.

Blonde 4,60€

Blanche 4,90€

Ambrée 4,90€

AU BRASSEUR

AU BRASSEUR

BRUNE DU QUAI
au malt chocolat

AU BRASSEUR /// 22 RUE DES VEAUX /// 67000 STRASBOURG ///
00 33 / 3 88 / 36 12 13 /// WWW.AUBRASSEUR.FR ///

RENAISSANCE DES BIERS
Au Brasseur

Das Elsass gilt als typisches Weinland, aber Straßburg war lange eine Stadt des Biers: Mitte des 19. Jahrhunderts gab es hier über 60 Brauereien, 50 Jahre später waren nur noch zwei übrig: Die Industrialisierung hatte die kleinen Betriebe und damit die einst große Vielfalt der elsässischen Bierkultur nahezu vernichtet. Doch in den letzten Jahren hat sich die Tendenz umgekehrt: Nachdem zuletzt auch mittelgroße Brauereien von internationalen Großkonzernen aufgekauft worden waren, entstand eine Gegenbewegung zu dem um sich greifenden Einheitsgeschmack. Seitdem wächst die Zahl sogenannter Micro-Brasserien zwischen Rhein und Vogesen ständig, auch in Straßburg sind wieder einige ansässig.

Den Anfang machte die Brauerei Au brasseur: Neben dem Lycée Saint-Etienne eröffnete sie 1991 ihren Ausschank, und zwar in den Räumen der ehemaligen Brauerei A l'Espérance, die das große Sterben in der zweiten Hälfte des 19. Jahrhunderts nicht überlebt hatte. Heute werden hier wieder auf zwei Etagen und in rustikalem Rahmen verschiedene stets obergärige und naturtrübe Biersorten ausgeschenkt: Helles, Dunkles, Weißbier, Märzenbock und Weihnachtsbier. Klar, dass auch das typisch elsässische Picon-Bier nicht fehlen darf: mit einem Schuss Amer aus Orangenschalen, der die Schaumkrone bräunlich färbt.

Dazu gibt es eine grundsolide, durch und durch elsässische Küche. Spezialität des Hauses sind im Holzofen gebackene Flammkuchen, die in allen erdenklichen Varianten angeboten werden. Mein Favorit ist *La chèvre chaud:* ein hauchdünner Fladen, belegt mit Zwiebeln, warmem Ziegenkäse und frischen Tomaten. Dazu kommen Freitag- und Samstagabend kostenlose Konzerte in den Kellergewölben. Und natürlich gibt es das Bier auch in handlichen Fässern zum Mitnehmen und Weiterfeiern zu Hause.

🍺 Zur Happy Hour zwischen 17 Uhr und 18.30 Uhr wird das Bier zum halben Preis ausgeschenkt, einige Flammkuchen kosten dann weniger als die Hälfte.

45

www.operanationaldurhin.eu

abonnez-
vous !

IM ALTEN STADTTHEATER AM BROGLIE-PLATZ NAHM ROUSSEAU AN EINER AUFFÜHRUNG SEINER OPER ›LE DEVIN DU VILLAGE‹ TEIL.

DER FALSCHE ARMENIER
Jean-Jacques Rousseau in Straßburg

Komponist, Naturwissenschaftler, Philosoph, Pädagoge, Schriftsteller … Er war einer der vielseitigsten Universalgelehrten des 18. Jahrhunderts, dabei hatte Rousseau nie eine Universität von innen gesehen. Die Ideen dieses genialen Autodidakten zur direkten Demokratie, zum Umgang mit der Natur oder zu einer kindgerechten Erziehung beschäftigen uns noch heute.

Fünf Wochen seines Lebens verbrachte der Uhrmacher-Sohn aus Genf in Straßburg. Als seine Kutsche am 2. November 1765 die elsässische Metropole erreichte, lag eine einwöchige Flucht hinter ihm: Die Berner Bürgerschaft hatte ihn wegen seiner angeblich ketzerischen Schriften des Landes verwiesen. Seine Lebensgefährtin Thérèse Levasseur hatte Rousseau am Bieler See zurückgelassen, aber sein treuester Begleiter war wie immer dabei: der Hund Sultan.

Die Ankunft des weltberühmten Mannes erregte in Straßburg ein gewaltiges Aufsehen, an seiner eigentümlichen armenischen Tracht war er leicht zu erkennen. Obwohl er auch in Frankreich steckbrieflich gesucht wurde, konnte sich Rousseau frei in der Stadt bewegen, nahm an zahlreichen Konzerten und der Aufführung seiner Oper *Le Devin du village* im städtischen Theater teil. Der Marquis de Contades, immerhin königlicher Gouverneur der Provinz und Marschall von Frankreich, lud Rousseau sogar in seine Stadtvilla ein und bot ihm für den Winter eine sichere Unterkunft in einem elsässischen Dorf an. Tatsächlich schätzte der menschenscheue Philosoph das Landleben sehr.

Doch auf seinem Tisch lagen noch zwei weitere Einladungen: eine nach Potsdam an den Hof Friedrichs II. und eine nach Großbritannien ins Haus des Philosophen David Hume. Rousseau entschied sich für letztere und reiste am 9. Dezember Richtung England ab.

✍ Die Rue Rousseau befindet sich im nördlichen Stadtviertel Île Jars und erinnert an den Aufenthalt des Philosophen in der Stadt.

LE STIFT /// 1BIS QUAI SAINT-THOMAS /// 67081 STRASBOURG ///
00 33 / 3 88 / 25 90 26 /// WWW.LESTIFT.ORG ///

Junge Leute unterschiedlichster Hautfarbe drängen durch das elegante Portal, über dem noch immer der alte Name des Hauses steht: Séminaire protestant. Doch Pastoren werden hier schon lange nicht mehr ausgebildet, stattdessen lockt mittags und abends ein günstiges Menü Studierende aller Fakultäten an. Einige haben sogar ein Zimmer im hauseigenen Studentenheim, aber die Wartelisten sind lang. Leider steht in dem schönen Innenhof nicht mehr jene prächtige Linde, die ich noch sah, als ich in den 90er-Jahren nach Straßburg zog. Doch irgendwann wird sein noch etwas kümmerlicher Nachfolger auch an seine Vorgängerin heranreichen. Wer hier lebt, lernt eben in größeren Zeiträumen zu denken.

Ursprünglich war dieser Ort ein Kloster. Mit der Reformation zog eine Stiftung ein, die bedürftige Studenten der protestantischen Theologie unterstützte und unter dem Namen Fondation Saint-Thomas noch heute existiert. Schon Goethe hat sich hier aufgehalten, allerdings nicht, um fleißig zu studieren, sondern um an einem Studentenulk teilzunehmen: Der greise Historiker Schöpflin, der hier seine letzte Wohnung hatte, wurde von ihm und seinen Kommilitonen eines Nachts mit »Musikgeräusch« (Goethe) aus dem Schlaf gerissen, soll aber gute Miene zum lauten Spiel gemacht haben. An den faulen Studenten aus Frankfurt erinnert heute nichts mehr im Stift, wohl aber an den elsässischen Theologen, Philosophen und Arzt Albert Schweitzer, der hier zunächst als Student wohnte und das Heim später mehrere Jahre leitete.

Käme der Urwald-Doktor heute zurück, würde er staunen: Anders als zu seiner Zeit sind mittlerweile auch Nichttheologen, ja selbst Frauen zugelassen, am Esstisch sogar Nichtstudenten. Und im Vergleich zur staatlichen Mensa ist auch das kulinarische Niveau erfreulich.

🕰 An der Silbermann-Orgel in der benachbarten Kirche Saint-Thomas haben im 18. Jahrhundert Wolfgang Amadeus Mozart und im 19. Albert Schweitzer gespielt.

IM FOYER DES EINST VON ALBERT SCHWEITZER GELEITETEN
STRASSBURGER STIFTS ERINNERT EIN RELIEF VON ANDRÉ DORSCHNER
AN DEN GROSSEN ELSÄSSER.

MAISON ALBERT SCHWEITZER /// 8 RUE DE MUNSTER ///
68140 GUNSBACH /// 00 33 / 3 89 / 77 31 42 ///
WWW.SCHWEITZER.ORG ///

DER ORGELDOKTOR
Albert Schweitzer in Straßburg

Seine Devise »Ehrfurcht vor dem Leben« begleitet mich seit meiner Kindheit, doch unter welchen Umständen sie einst formuliert wurde, begriff ich erst an Schweitzers Wirkungsstätte im Elsass. Der Pastorensohn war im Süden des Landes zweisprachig aufgewachsen. An der Straßburger Kaiser-Wilhelms-Universität studierte er evangelische Theologie, Philosophie und Medizin, alle drei Studiengänge schloss er mit einer Promotion ab. Nach seiner Habilitation war er in Straßburg als Universitätsdozent und Vikar an der Nikolai-Kirche tätig, wo er 1908 ein befreundetes Paar traute: Elly Knapp und Theodor Heuss. Schweitzer selbst heiratete vier Jahre später seine langjährige Freundin Helene Breslau.

Zwischenzeitlich hatte er in Paris auch noch das Orgelspiel studiert und den Klang französischer Instrumente der Spätromantik schätzen gelernt. Ebenso liebte er die ihm aus dem Elsass vertrauten Silbermann-Orgeln der Barockzeit. Die von ihm mit initiierte elsässisch-neudeutsche Orgelreform zielte darauf ab, beide Richtungen zu verbinden. Bis heute spricht man davon, Schweitzer habe in Afrika kranke Menschen und im Elsass kranke (weil überladene) »Fabrik-Orgeln« geheilt.

Der erste Aufenthalt des Ehepaars Schweitzer im heutigen Gabun endete nach nur vier Jahren: Als damals noch deutsche Staatsbürger gerieten beide im Ersten Weltkrieg in französische Kriegsgefangenschaft und wurden in ein Lager nach Frankreich überführt. 1918 ließen sich beide wieder in Straßburg nieder, wo Schweitzer als nunmehr französischer Vikar erneut an der Nikolai-Kirche und als Assistenzarzt am Krankenhaus arbeitete. Erst 1924 kehrte er nach Afrika zurück, um das Spital in Lambaréné neu aufzubauen. Dem Elsass blieb er jedoch zeitlebens eng verbunden. In der autobiografischen Schrift *Aus meiner Kindheit und Jugendzeit* hat er seiner Heimat ein bleibendes Denkmal gesetzt.

⌗ In Albert Schweitzers Geburtsort Kaysersberg sowie in seinem früheren Wohnhaus im oberelsässischen Gunsbach erinnert je ein Museum an sein Leben und Werk.

EINEN »PRÄCHTIGEN KASTANIENBAUM« NANNTE WOLFGANG KOEPPEN FÄLSCHLICHERWEISE DIE ALTE PLATANE AN DEN GEDECKTEN BRÜCKEN.

Die uralte Platane am Quai de la Bruche verkörpert für mich einen Teil der elsässischen Seele: Angeblich unter dem französischen Sonnenkönig Ludwig XIV. gepflanzt, hat sie in vier Jahrhunderten so manchen Herrscher kommen und gehen, so manche Regimes aufsteigen und fallen sehen. Aber mit der Gelassenheit und Großzügigkeit, wie sie vielleicht nur Bäume aufbringen können, bot sie unter ihrem grünen Dach Platz für alle: Reiche und Arme, Deutsche und Franzosen, Fremde und Einheimische. So ist es bis heute geblieben.

Der mächtige Baum steht an einer Stelle, wo sich die Ill vielfach verästelt. Darüber erheben sich vier mächtige Türme, Relikte der mittelalterlichen Stadtbefestigung. Die übrigen Teile mussten einer modernen Festungsanlage weichen, als die Platane gerade gepflanzt worden war. Um 1900 richteten sich ein paar junge Schriftsteller in einem der Türme ihr Dichter- und Liebesnest ein. Von dort oben blickten sie auf die Platane herab, einer schrieb darüber sogar ein Gedicht: René Schickele.

Der Boden, in dem die Platane wurzelt, gehört zu dem Stadtviertel Petite France, mit seinen verwinkelten Gässchen und alten Fachwerkhäusern ein absoluter Touristenmagnet. Doch die Platane hat auch schon andere Zeiten erlebt: Der Name hat nämlich nichts mit Frankreich zu tun, sondern erinnert an ein Armenspital, das die Franziskaner hier errichtet hatten, vielleicht auch an die »Franzosenkrankheit« Syphilis, die hier einst grassierte. Denn das älteste Gewerbe der Welt war im Viertel ebenso stark vertreten wie das der Müller und der Gerber, alles »unehrliche« Berufe, die in der Innenstadt nicht geduldet wurden. Nach der Ehrlichkeit der heute im Viertel zahlreich vertretenen Souvenirverkäufer gefragt, schüttelt die Platane weise ihr Laub und schweigt.

🖉 Den Platz unter der Platane teilen sich das Restaurant *Au petit bois vert* und die Bar *Au Fantassin*. Die Terrasse auf der gegenüberliegenden Wasserseite ist frei zugänglich.

NEUSTADT UND ROBERTSAU

KLEINE GÄRTEN, GROSSE POLITIK

WASSERTURM DES STRASSBURGER BAHNHOFS AUS DEM JAHR 1878,
HEUTE SITZ DES VOODOO-MUSEUMS

CHÂTEAU VODOU /// 4 RUE DE KOENIGSHOFFEN ///
67000 STRASBOURG /// 00 33 / 3 88 / 36 15 03 ///
WWW.CHATEAU-VODOU.COM ///

»Voodoo ist Religion und Medizin zugleich«, sagt der promovierte Chemiker, Braumeister und Kunstsammler Marc Arbogast und schenkt mir sein grünlich schillerndes Hexer-Bier ein. »Gebraut nach einem Geheimrezept der letzten elsässischen Hexe«, verrät er mir. Rund um seinen Schreibtisch stehen und liegen rätselhafte Masken und Puppen, Kostüme und Fetische. Wir befinden uns in Straßburgs wohl ungewöhnlichstem Museum: dem privat finanzierten Château Vodou, untergebracht in einem ehemaligen Wasserturm für Dampflokomotiven.

Das Gebäude gehört zum Straßburger Bahnhofskomplex, einem Relikt der deutschen Kaiserzeit. 2006, nach der Angliederung an das französische TGV-Netz, wurde er beträchtlich erweitert: Eine gläserne Wand überwölbt seitdem die historische Fassade des Hauptgebäudes und bildet so einen Vorraum, von dem man in die hier unterirdisch verkehrende Tram umsteigen kann. Die Ansichten über Nutzen und Ästhetik dieses 150 Millionen Euro teuren Umbaus gehen freilich auseinander …

Einhellig positiv dagegen waren die Stimmen zum Voodoo-Museum, das, nur fünf Gehminuten vom Bahnhofsportal entfernt, Anfang 2014 seine Tore öffnete. Marc Arbogast erfüllte sich damit einen Lebenstraum: Seit er mit 21 Jahren an einer Safari in Westafrika teilgenommen hat, ist er fasziniert von der Voodoo-Religion. Weltweit werde sie immerhin von über 200 Millionen Menschen praktiziert, im Ursprungsland Benin sei sie sogar Staatsreligion, betont er. Von dort, aber auch aus Togo und Ghana, stammen die über 1.000 Objekte seiner einzigartigen Sammlung. Nur ein Teil davon wird auf den fünf Etagen des Museums gezeigt, Audioguides und Videos vermitteln das nötige Hintergrundwissen.

Doch vieles entzieht sich auch dem Verstand. »Alles ist Geheimnis« lese ich an der Wand des Treppenhauses, über das ich das Museum verlasse.

   Im Bahnhofsviertel finden sich viele Kultureinrichtungen: das Filmzentrum Maison de l'image, das Theater TAPS-Scala und der Konzertsaal La Laiterie.

MUSÉE D'ART MODERNE ET CONTEMPORAIN DE STRASBOURG ///
1 PLACE HANS JEAN ARP /// 67000 STRASBOURG ///
00 33 / 3 88 / 23 31 31 ///
WWW.MUSEES.STRASBOURG.EU/INDEX.PHP?PAGE=MAMCS-DE ///

ES STEHT EIN PFERD AUF DEM DACH
MAMCS

Das arme Pferd ohne Ohren und Schwanz ist von Weitem zu sehen. Es steht auf dem Dach des Straßburger Museums für moderne und zeitgenössische Kunst, kurz MAMCS (Musée de l'Art Moderne et Contemporain de Strasbourg). Die Skulptur des italienischen Künstlers Mimmo Paladino mit dem rätselhaften Titel *Hortus Conclusus* gilt als Wahrzeichen des Hauses und steht für dessen Mission: Ein- und Ausblicke in und auf das europäische Kunstschaffen von 1870 bis heute zu geben.

Der Weg zu dieser Kathedrale der Moderne war weit: Das Bombardement von 1870 hatte die Kunstsammlungen der Stadt großteils zerstört, es war die Stunde Null der Straßburger Museumslandschaft. Bis zum Ersten Weltkrieg wurden vor allem elsässische Künstler angekauft, nach 1918 weitete man die Sammlung auf Künstler aus ganz Frankreich und ab 1945 aus der ganzen Welt aus. Ein wesentlicher Beitrag hierzu war eine Schenkung surrealistischer Meister durch Jean Hans Arp, der zwar mittlerweile in Meudon bei Paris lebte, aber seine Geburtsstadt Straßburg nie vergessen hatte. Der Platz vor dem Museum trägt heute seinen Namen.

Der Museumsbau entstand in den Jahren 1993–98 nach Plänen von Adrien Fainsilber, einem Le-Corbusier-Schüler. Statt den Betrachter mit postmodernen Schnörkeln abzulenken, will er durch klare und transparente Formen einen respektvollen Rahmen für die ausgestellten Kunstwerke schaffen. Der Zentralbau ist ein Langhaus, das ein wenig an eine gotische Kathedrale erinnert. Die regelmäßig wechselnde Hängung folgt nicht chronologischen, sondern thematischen Kriterien und ermöglicht so immer neue Perspektiven, Fragestellungen und Querverbindungen. Besonders mit seinen originellen Wechselausstellungen machte sich das Haus in den letzten Jahren einen Namen.

Der Ausblick von der Terrasse des Museumscafés auf das ehemalige Gerberviertel La Petite France zählt zu den schönsten der Stadt.

DER NEU GESTALTETE EINGANG ZUM DEUTSCH-FRANZÖSISCHEN
SOLDATENFRIEDHOF

NÉCROPOLE MILITAIRE /// PLACE DU SOUVENIR FRANÇAIS ///
67000 STRASBOURG ///
WWW.VOLKSBUND.DE/KRIEGSGRAEBERSTAETTE/
STRASBOURG-CRONENBOURG.HTML ///

Deutsche Kriegsgräberstätte – Nécropole Nationale: Schon die zweisprachige Inschrift links und rechts vom Eingang macht deutlich,
dass dies kein Ort nationaler Heldenverehrung ist, sondern einer der
grenzüberschreitenden Erinnerung. Nebeneinander ruhen hier Män-
ner und Frauen, Soldaten und Zivilisten, Christen und Nichtchristen,
Opfer und Täter des Ersten und des Zweiten Weltkriegs. Die meisten
starben als Deutsche oder als Franzosen, aber es sind auch Österrei-
cher und Italiener, Russen und Polen, Briten und Iren, Australier und
Neuseeländer darunter. Hinzu kommen viele Soldaten aus Afrika
und Übersee. Seit dem Jahr 2000 schmückt das Eingangstor daher ein
stilisierter Globus, auf dem keine politischen Grenzen zu sehen sind.
Darüber steht auf einem hohen Pfeiler die Gestalt eines Sterbenden,
ohne Uniform oder sonstige nationale Kennzeichen.

Über 6.000 Menschen fanden hier ihre letzte Ruhe, jedenfalls
beinahe – gleich hinter der Abzäunung verläuft unüberhörbar die
verkehrsreiche Straßburger Stadtautobahn. Und doch bedeutet mir
dieser Ort viel: Auf engem Raum spiegelt er fast 100 Jahre Weltgeschichte wider. Das erste Grab hinter dem Eingang ist das jüngste
und hoffentlich letzte. Hier ruht Michel Lung-Hoi, der 1986 zusammen mit zwei Freunden als französischer Soldat im Libanon starb. Er
war 21 Jahre alt. Das wohl älteste Grab befindet sich in der südlichen
Ecke des Gräberfelds: Hier wurde 1889 Anton Szpotanski beigesetzt,
Zahlmeister der damals deutschen Garnison von Straßburg. Die Grä-
ber dazwischen tragen meist die Jahreszahlen 1914–18 oder 1944–45.
Fast alle starben im Elsass, oft am gleichen Tag. Niemand kann hier
das Grab eines Angehörigen besuchen, ohne auch die Opfer der anderen Seite zu sehen. Ein Ort, der mehr wert ist als viele Sonntags-
reden.

    Der Friedhof ist mit der Tram (Haltestelle La Rotonde) oder
    dem PKW zu erreichen (Ausfahrt Cronenbourg, kleiner Park-
    platz direkt am Eingang).

PALAIS DES FÊTES /// 5 RUE SELLENICK /// 67000 STRASBOURG ///
WWW.LAPHILHARMONIE.FR/LE-PALAIS-DES-FETES/ ///

STRASSBURGS DORNRÖSCHEN
Palais des Fêtes

Nicht alle meine Lieblingsplätze finden sich im Straßburg der Gegenwart. Manche sind ganz oder teilweise verschwunden und existieren nur in der Erinnerung, andere sind ein uneingelöstes Versprechen. Das Palais des Fêtes gehört beiden Kategorien an.

1903 war das markante Eckhaus mit seinem turmartigen Vorbau im Auftrag des Straßburger Männergesangsvereins errichtet worden, 1909 weihte Albert Schweitzer die neue Orgel ein. Der damals »Sängerhaus« genannte Bau blieb lange der größte Konzertsaal der Stadt. Die moderne Jugendstilfassade macht deutlich, welch aufgeschlossener Geist hier wehte. Jahrzehntelang wurde es abwechselnd von den staatlichen Philharmonikern (Orchestre philharmonique, gegründet 1855) und der städtischen Philharmonie (Philharmonie municipale, gegründet 1899) bespielt. Berühmte Persönlichkeiten standen am Dirigentenpult: Gustav Mahler und Richard Strauss, die 1905 gemeinsam das erste elsässisch-lothringische Sängerfest initiierten, Hans Pfitzner, der die Straßburger Philharmoniker 1908 – 18 als Generalmusikdirektor leitete, Wilhelm Furtwängler und viele andere. Doch das Palais des Fêtes war auch eine politische Adresse: 1912 wurde hier die Elsässische Fortschrittspartei gegründet, 1977 das feministische Centre Flora Tristan.

Zwischen den Weltkriegen wurde der Bau modernisiert und erweitert. Bis 1976 beherbergte er das Orchestre philharmonique, das dann in das neue und größere Palais de la musique et des congrès umzog. Seitdem wurde es im alten Palais des Fêtes stiller und stiller, irgendwann blieben die altehrwürdigen Rollläden aus der Kaiserzeit ganz geschlossen. Doch der Schein trügt, im Inneren wird fleißig gearbeitet, aus dem Kokon soll demnächst ein Schmetterling schlüpfen: die restaurierte Jugendstil-Gaststätte und etwas später der altehrwürdige Konzertsaal.

🖉   Gleich um die Ecke, in der Rue du Général de Castelnau Nummer 22 und der Rue du Général Rapp Nummer 10, finden sich weitere Jugendstil-Bauten.

DIE RUE RENÉ SCHICKELE VERLÄUFT UNWEIT DES EUROPÄISCHEN VIERTELS. DIE STRASSBURGER RENÉ-SCHICKELE-GESELLSCHAFT HÄLT DIE ERINNERUNG AN DEN DICHTER WACH.

CERCLE RENÉ SCHICKELE /// 5 BOULEVARD DE LA VICTOIRE /// 67000 STRASBOURG /// 00 33 / 3 88 / 36 48 30 /// WWW.CULTURE-BILINGUISME.EU ///

DER BRÜCKENBAUER

René Schickele in Straßburg

Er wuchs zwischen zwei Stühlen und drei Sprachen im deutschen Elsass der Kaiserzeit auf: Zu Hause sprach man Französisch, auf der Straße Elsässisch, in der Schule Hochdeutsch. Sein Geburtshaus steht in Obernai, seine Kindheit verbrachte er im heutigen Saverne. Angeblich wegen eines unerlaubten Flirts mit einer gewissen Claire wurde er 1895 von seinem Vater in ein katholisches Internat nach Straßburg geschickt, das heutige Lycée Saint-Etienne. Doch der junge Schickele brach die Schule vorzeitig ab und entschied sich für eine freie Künstlerexistenz. Zusammen mit literatur- und elsassbegeisterten Freunden, die er als »Freier Hörer« an der Straßburger Universität kennengelernt hatte, gründete er die Gruppe *Das Jüngste Elsass,* die in ihrer literarischen Zeitschrift *Der Stürmer* für die elsässische Doppelkultur und einen deutsch-französischen Kulturdialog warb.

1903 verließ Schickele die Stadt, kehrte aber 1911 als junger Familienvater und Chefredakteur der Straßburger Neuen Zeitung zurück. Zwischenzeitlich hatte er sich als Dichter und Romancier einen Namen gemacht, wobei ihn die elsässische Frage nie losgelassen hatte. Mit der von ihm mitgegründeten Elsässischen Fortschrittspartei kämpfte er weiter für die deutsch-französische Verständigung und eine autonome Republik Elsass-Lothringen. Doch der Erste Weltkrieg ließ seine Träume erneut platzen.

Obwohl Schickele Straßburg kurz vor Kriegsbeginn endgültig den Rücken kehrte, spielten die Stadt und ihre Region in seinen Romanen und Essays, Gedichten und Theaterstücken auch weiter eine zentrale Rolle. Trotz zahlreicher Angriffe von deutschen wie französischen Nationalisten hielt er bis zu seinem Tod am Traum eines »Geistigen Elsass« fest, in dem Platz für zwei Sprachen, zwei Kulturen und zwei Nationen sein sollte. Der Cercle René Schickele bemüht sich im heutigen Straßburg darum, dieses Erbe lebendig zu halten.

☞ In seiner Roman-Trilogie *Das Erbe am Rhein* stellt Schickele die jüngere Geschichte des Elsass in Form einer Familiensaga dar.

PALAIS DU RHIN ALIAS KAISERPALAST, HEUTE SITZ DER REGIONALEN
KULTURBEHÖRDE DES ELSASS (DRAC ALSACE) SOWIE
DER ZENTRALKOMMISSION FÜR DIE RHEINSCHIFFFAHRT (ZKR).

COMMISSION CENTRALE POUR LA NAVIGATION DU RHIN ///
2 PLACE DE LA RÉPUBLIQUE /// 67082 STRASBOURG CEDEX ///

DES KAISERS LANGER SCHATTEN
Place de la République

Place de la République ist auf dem Schild zu lesen, und darunter: Kaiserplatz. Die beiden Namen, die heute einträchtig nebeneinander stehen, verweisen auf zwei unterschiedliche Epochen der Stadtgeschichte: die französische Republik und das deutsche Kaiserreich. Gerade diese Mischung ist es, die diesen geschichtsträchtigen Platz zu einem meiner Lieblingsplätze macht.

Eine Preisfrage vorneweg: An welchen Kaiser könnte hier erinnert werden? Ein Franzose ist es jedenfalls nicht. Kurioserweise gibt es aber einen Bezug zum Kaiserreich Japan, denn das parkartige Rondell in der Mitte des Platzes zieren vier weithin sichtbare Geschenke des Meiji-Kaisers Mutsuhito aus dem Jahr 1880: Es sind prachtvolle Ginkgo-Bäume, in deren mittlerweile demokratischem Schatten sich an heißen Sommertagen Straßenmusikanten, Sonnenanbeter und Liebespärchen verlustieren.

Doch seinen Namen verdankt der Platz dem deutschen Kaiser Wilhelm I., unter dessen Regentschaft (1871–1888) Straßburg zur Hauptstadt des Reichslandes Elsass-Lothringen erhoben und das Viertel als künftiges Verwaltungszentrum errichtet wurde. Von 1911 bis 1918 stand in der Mitte des Rondells sein Reiterstandbild, dann wurde es von revoltierenden Soldaten gestürzt und 1936 durch eine neue Skulptur ersetzt: die Mutter Elsass von Léon Drivier. Sie zeigt eine Frau mit zwei toten Söhnen in ihren Armen, die sich sterbend noch brüderlich bei den Händen fassten. Der eine wendet seinen Kopf nach Osten, der andere nach Westen. Gemeinsam symbolisieren sie die in deutscher und die in französischer Uniform gefallenen Elsässer aller Kriege, um die an dieser Stelle unterschiedslos getrauert wird.

Und noch ein Kaiser hat sich hier verewigt: Wilhelms Enkel, Nachfolger und Namensvetter Wilhelm II. Unter seiner Regentschaft wurde an der Westseite des Platzes der Kaiserpalast eingeweiht, das heutige Palais du Rhin. Lange galt es als schick, diesen wilhelminischen Protz-Stil hässlich zu finden, und man war dabei in guter Gesellschaft. Hatte nicht der Schriftsteller René Schicke-

le von einem »kolossalen Renaissance-Stall« und sogar der Kaiser selbst von einem »Elefantenhaus« gesprochen?

Doch irgendwie mag ich den Bau trotzdem. Zum einen ist er die Keimzelle der späteren Europastadt Straßburg: Seit 1920 ist darin die Zentralkommission für die Rheinschifffahrt (ZKR) untergebracht, die älteste europäische Institution überhaupt. Zum anderen ist der Rheinpalast ein lebendiges Geschichtsbuch. Sein Inneres zeigt neben imperialem Prunk auch Spuren der Revolution von 1918 und des Bombenkriegs von 1944/45. Besonders deutlich sind diese Wunden der Geschichte im nur teilweise restaurierten Festsaal zu sehen, leider ist er nur bei Veranstaltungen und am Tag des offenen Denkmals öffentlich zugänglich. An Werktagen kann man immerhin das Vestibül des Palastes betreten und, wenn man am Empfang freundlich fragt, vielleicht auch einen kurzen Blick auf das grandiose Treppenhaus werfen, in dem über mehrere Kaskaden meditativ murmelndes Wasser fließt.

Zum Schluss wenden wir unseren Blick zwei weiteren wilhelminischen Großbauten im Osten des Platzes zu: der Nationalbibliothek und dem Nationaltheater. Natürlich sind die Straßburger stolz, neben Paris die einzige Stadt Frankreichs zu sein, die zwei nationale Einrichtungen dieser Art beherbergt. Aber ich schätze beide Häuser aus anderen Gründen: In der frisch sanierten Bibliothèque Nationale et Universitaire (BNU) stöbere ich gern in der Regionalabteilung mit der weltweit größten Büchersammlung zum Elsass. Am benachbarten Théâtre National de Strasbourg (TNS), bis 1913 Sitz des elsass-lothringischen Landtages, gefällt mir die europäische Ausrichtung: Neben französischen Aufführungen finden auch Gastspiele ausländischer Truppen statt. Für Besucher von der anderen Rheinseite werden einige Abende sogar vollständig Deutsch übertitelt.

 ☞ Jeweils zum Saisonbeginn bietet das TNS ein speziell auf deutschsprachige Besucher zugeschnittenes Abo-Paket.

MUTTER ELSASS MIT ZWEI TOTEN SÖHNEN IN DEN ARMEN

BLICK AUF DIE FRIEDENS-SYNAGOGE, ZUGLEICH GEMEINDEZENTRUM UND SITZ DES ISRAELITISCHEN KONSISTORIUMS FÜR DAS NIEDERELSASS (BAS-RHIN)

CONSISTOIRE ISRAÉLITE DU BAS-RHIN /// 1A RUE RENÉ HIRSCHLER /// 67000 STRASBOURG /// 00 33 / 3 88 / 14 46 50 /// WWW.CIBR.FR ///

STÄRKER ALS DAS SCHWERT
Synagogue de la Paix

1764 ließ der Marquis de Contades, frisch ernannter Gouverneur des Elsass, vor den Toren Straßburgs einen Park anlegen. 1870 wurde er zerstört und anschließend großteils überbaut. Der heutige Parc de Contades ist also nur ein Fragment, gezeichnet von den Spuren der Geschichte. Gerade diesen Ort wählte die jüdische Gemeinde von Straßburg, um nach den Schrecken der Shoa eine neue Synagoge zu errichten.

Im Mittelalter befanden sich zwischen Rhein und Mosel die größten jüdischen Gemeinden Europas. Die Straßburger Rue des Juifs, damals eine der Hauptstraßen der Stadt, erinnert daran. Doch 1349 endete das christlich-jüdische Zusammenleben jäh: Beschuldigt, die Brunnen vergiftet und die Pest verursacht zu haben, wurden die Straßburger Juden von ihren christlichen Nachbarn bei lebendigem Leib verbrannt. Bis zur Französischen Revolution blieb es ihnen verboten, sich innerhalb der Stadtmauern niederzulassen. Erst in napoleonischer Zeit entstand die Gemeinde neu. Als Straßburg zum deutschen Kaiserreich gehörte, wurde 1898 am heutigen Quai Kléber eine große Synagoge im neo-romanischen Stil errichtet, die jedoch 1940 von anderen Deutschen und im Zeichen einer anderen Fahne angezündet und dann abgerissen wurde.

Doch das jüdische Leben kehrte zurück, heute zählt die Straßburger Gemeinde etwa 18.000 Mitglieder. 1958 wurde im Parc de Contades die neue Synagogue de la Paix eröffnet, die zweitgrößte Europas. In dem Komplex sind zwei Gebetsräume untergebracht, einer für aschkenasische und einer für sephardische Juden, ferner ein Gemeinde- und ein Jugendzentrum sowie der Sender Radio Judaica. Rund um die Synagoge blüht jüdisches Leben: mit koscheren Geschäften und Restaurants, jüdischen Firmen und Schulen. Mahnung und Auftrag zugleich ist der Vers des Propheten Zacharias, der den Eingang des Gotteshauses schmückt: Stärker als das Schwert ist mein Geist.

✍ Innenbesichtigungen sowie die Teilnahme an Gottesdiensten sind auch für Nichtjuden auf Anfrage und nach Vorlage eines Ausweises möglich.

LITTERIS·ET·PATRIAE

UNIVERSITÉ DE STRASBOURG

BLICK AUF DAS HAUPTPORTAL DER UNIVERSITÄT. NICHT IM BILD
DIE 2014 WIEDER AUFGESTELLTEN STATUEN ARGENTORATA (LINKS) UND
GERMANIA (RECHTS).

PALAIS UNIVERSITAIRE /// 9 PLACE DE L'UNIVERSITÉ ///
67084 STRASBOURG /// 00 33 / 3 68 / 85 00 00 /// WWW.UNISTRA.FR ///

LITTERIS ET PATRIAE
Palais universitaire

Lange wurde das alte Kollegiengebäude der Universität, kurz »Palais U« genannt, etwas vernachlässigt, heute erstrahlt nicht nur die lateinische Inschrift »Den Wissenschaften und dem Vaterland« über dem Portal wieder im alten Glanz. Die nach dem Krieg übertünchten Fresken im Lichthof wurden freigelegt, in den lange verwaisten Wasserbassins vor dem Eingang sprudeln wieder Springbrunnen, und selbst die Statuen Argentorata (Straßburg) und Germania (Deutschland) stellte man wieder auf.

Doch am liebsten ist mir der hinter dem Gebäude verborgene Garten, der mehrere Institutsgebäude miteinander verbindet. Ihre wilhelminischen Fassaden atmen so sehr den Geist von 1900, dass ich mich nicht wundern würde, wenn um die nächste Ecke ein Herr im Cutaway böge, neben ihm eine Dame im Trichterrock mit langer Pleureuse am Hut.

Tatsächlich sind alle diese Universitätsbauten Relikte der deutschen Kaiserzeit. Berühmte Wissenschaftler haben hier geforscht und gelehrt, darunter die Nobelpreisträger Wilhelm Conrad Röntgen, Karl Ferdinand Braun und Paul Ehrlich. Nach dem Ersten Weltkrieg begründete Marc Bloch an der nunmehr französischen Universität eine Historiker-Schule, die sich erstmals auch für Alltags- und Wirtschaftsgeschichte interessierte. Im Zweiten Weltkrieg wurde sie nach Clermont-Ferrand verlegt, während sich in Straßburg die kurzlebige Deutsche Reichsuniversität etablierte. 1948 fand hier die Gründung des Europarats statt.

Heute ist die *Université de Strasbourg* mit über 40.000 Studierenden eine der größten Hochschulen Frankreichs, die einzige mit staatlich finanzierten theologischen Fakultäten. Mit den Universitäten in Karlsruhe, Freiburg und Basel hat sie sich zu einer grenzüberschreitenden Konföderation zusammengeschlossen, die auf dem Weg ist, eine dezentrale und übernationale Einrichtung mit europäischem Anspruch zu werden.

✍ Gegenüber der Universität befindet sich in der einst als preußische Garnisonskirche errichteten Eglise Saint-Paul die größte Orgel des Elsass.

IN DER STRASSBURGER KIRCHE SAINT-NICOLAS TRAUTE
ALBERT SCHWEITZER IM JAHR 1908 ELLY KNAPP UND THEODOR HEUSS,
DOCH AUCH HEUTE FINDET HIER EIN LEBENDIGES GEMEINDELEBEN STATT.

COMMUNAUTÉ SAINT-NICOLAS /// 6 QUAI SAINT-THOMAS ///
67000 STRASBOURG /// WWW.COMMUNAUTE-SAINT-NICOLAS.FR ///

DIE POLITIKERIN
Elly Heuss-Knapp in Straßburg

Dass der erste Bundespräsident Theodor Heuss hieß, ist allgemein bekannt. Dass auch seine Frau Elly Heuss-Knapp – an dem damals noch ungewöhnlichen Doppelnamen hat sie stets festgehalten – eine bedeutende Politikerin war, wird hingegen manchmal ebenso vergessen wie die Tatsache, dass sie eine gebürtige Straßburgerin war.

Elisabeth Eleonore Anna Justine war die zweite Tochter des deutschen Nationalökonomen Georg Friedrich Knapp, seit 1874 Professor und ab 1891 Rektor der Straßburger Universität. Da die aus Georgien stammende Mutter bald nach der Geburt psychisch erkrankte, wurde Elly vom Vater erzogen und vielleicht deshalb nie in der traditionellen Frauenrolle heimisch. Da sie beruflich auf eigenen Beinen stehen wollte, machte sie eine Ausbildung zur Lehrerin und unterrichtete ab 1900 an einer Straßburger Mädchenschule, die sie mitgegründet hatte. Ab 1905 hielt sie politische Vorträge, unter anderem über die Emanzipation der Frau. Dabei lernte sie den Politiker Friedrich Naumann und dessen Mitarbeiter Theodor Heuss kennen, den sie drei Jahre später heiratete, freilich nicht in dessen schwäbischer Heimat, sondern in ihrer: in Straßburg. Zwar übersiedelte das Paar anschließend nach Heilbronn, doch die Verbindungen zum Elsass rissen nie ab. In ihrer Autobiografie von 1934 nennt Elly Heuss-Knapp Straßburg ihre »unverlierbare Heimat«.

1936 wurde ihr Mann mit Publikationsverbot belegt. Um wirtschaftlich zu überleben, erlernte die Lehrerin, Politikerin und Schriftstellerin nun auch noch den Beruf der Werbefachfrau: Für Marken wie Nivea, Erdal, Kaffee Hag und Persil entwarf sie Radiospots und erfand nebenbei den Jingle, ein akustisches Warenzeichen. Zwei Jahre vor ihrem Tod gründete sie die Elly-Heuss-Knapp-Stiftung, besser bekannt als Müttergenesungswerk.

⌕ In ihrer Autobiographie *Blick vom Münsterturm* schildert Elly Heuss-Knapp den ersten Teil ihres Lebens bis ins Jahr 1933, darunter auch ihre Straßburger Jahre.

BLICK ÜBER DIE BEETE DES BOTANISCHEN GARTENS AUF DIE KUPPEL DER STERNWARTE

JARDIN BOTANIQUE DE L'UNIVERSITÉ DE STRASBOURG ///
EINGANG: 28 RUE GOETHE ODER RUE DE L'UNIVERSITÉ ///
67000 STRASBOURG /// 00 33 / 3 68 / 85 18 65 ///
WWW.JARDIN-BOTANIQUE.UNISTRA.FR ///

Verschlungene Wege und schattige Bäume, bemooste Steinbänke und ein romantischer Seerosenteich sowie Blumen in allen Farben und Formen, so weit das Auge reicht: Der botanische Garten ist der vielleicht schönste Park Straßburgs, und doch verirren sich nur wenige Touristen hierher. Von mir aus kann es so bleiben, denn auch die paradiesische Ruhe gehört zu den Vorzügen dieses Ortes.

Bereits 1619 erhielt die Straßburger Universität einen botanischen Garten, er galt später als zweiter Frankreichs. Nach seiner Zerstörung im Deutsch-Französischen Krieg wurde er 1884 im Herzen der wilhelminischen Neustadt neu eröffnet. Leider fielen die schönen Gewächshäuser, von einer Ausnahme abgesehen, 1958 einem Unwetter zum Opfer und wurden schließlich abgerissen. An ihrer Stelle steht heute das botanische Institut, ein grauer Verwaltungsklotz. Doch das sollte Pflanzenfreunde und Großstadt-Flüchtlinge von einem Besuch dieses Ortes nicht abhalten, der zu nahezu jeder Jahreszeit ein Erlebnis ist.

Von Anfang März bis Mitte Dezember können auf einer Fläche von 3,5 Hektar über 15.000 Pflanzen aus allen Teilen der Welt bewundert werden, darunter viele seltene und bedrohte Arten. Im milden oberrheinischen Klima gedeihen die meisten problemlos im Freien und begrüßen die Besucher jedes Frühjahr mit einer beispiellosen Blütenpracht. Für tropische Pflanzen wurde ein großes Treibhaus errichtet, in dem das ganze Jahr hindurch ein feucht-warmes Klima herrscht. Die Silhouetten der alten Sternwarte und der Universitätsgebäude aus wilhelminischer Zeit, die das Areal einrahmen, aber auch die romantischen Holzbänke und der Charme des noch erhaltenen alten Gewächshauses machen den Reiz dieses Ortes aus und vermitteln das Gefühl, die Zeit sei hier vor 100 Jahren einfach stehengeblieben.

🖉   In den Vogesen befindet sich bei Saverne eine Zweigstelle des botanischen Gartens, in der vor allem Gebirgspflanzen gezüchtet werden.

**KÜNSTLICHER TEICH MIT KÜNSTLICHER INSEL UND ECHTEM RUDERBOOT.
DANEBEN LÄDT DAS CAFÉ-RESTAURANT »JARDIN DE L'ORANGERIE« EIN.**

**JARDIN DE L'ORANGERIE /// PARC DE L'ORANGERIE ///
67000 STRASBOURG /// 00 33 / 3 90 / 41 68 00 ///
WWW.JARDINORANGERIE.FR ///**

Kennen Sie noch das Wort Sommerfrische? Nicht wahr, das schmeckt nach Kindheit und großen Ferien, nach angenehmer Wärme und erfrischender Abkühlung gleichermaßen. Um ein solches Gefühl wiederzubeleben, braucht man freilich einen etwas altmodischen Rahmen. In der Straßburger Orangerie habe ich ihn gefunden.

Der Park geht auf das 18. Jahrhundert zurück und ist der älteste Park der Stadt. Seinen Namen verdankt er 138 Orangenbäumen, die zu Beginn des 19. Jahrhunderts angepflanzt wurden. Der vordere, dem Europarat zugekehrte Teil des Parks, sieht sehr französisch aus, mit seinen geometrisch gezirkelten Wegen und sauber beschnittenen Bäumchen rund um den neoklassizistischen Pavillon Joséphine, 1804 zu Ehren von Napoléons kaiserlicher Gattin errichtet. Der dahinter liegende Teil dagegen wurde in der deutschen Kaiserzeit angelegt. Es ist eine Spielzeugnatur in städtischem Umfeld, an deren Echtheit das Kind in mir hartnäckig zu glauben bereit ist.

Da ist ein See mit Springbrunnen in der Mitte, um den man in kleinen Booten herumrudern darf. Daneben laden mobile Stände zum Eisessen, verschlungene Wege zum Lustwandeln, eine hübsche Kaffee-Terrasse zum Ausspannen und eine Liegewiese zum Sonnenbaden ein. Krönung des Ganzen ist ein künstlicher Berg mit schummeriger Felsengrotte, einem Aquarium mit selig vor sich hinmeditierenden Fischen, einem Wasserfall, viel schöner als in echt, vor dem sich »die üblichen zwei Schwäne entsetzlich langweilen« (René Schickele). Kitsch? Klar, na und? Ohnehin ist die Liste noch länger: Ein Museums-Bauernhof mit Streichelzoo fehlt ebenso wenig wie ein kleiner Tierpark, eine Storchen-Station und eine Oldtimer-Bahn für Kinder. Auch für das Abendprogramm ist gesorgt: Zur Wahl stehen der Gourmet-Tempel Buerehiesel und das Bowlingcenter Jardin de l'Orangerie mit angegliedertem Restaurant.

✐ Dienstag bis Freitag bietet das Buerehiesel mittags ein günstigeres Business-Menü, nachmittags und während der Schulferien ist das Bowlen billiger.

BLICK AUS DER AGORA DES LOUISE-WEISS-GEBÄUDES IN DEN
EUROPA-BLAUEN HIMMEL.

PARLEMENT EUROPÉEN — BÂTIMENT LOUISE WEISS ///
ALLÉE DU PRINTEMPS /// 67070 STRASBOURG ///
00 33 / 3 88 / 17 40 01 /// WWW.EUROPARL.EUROPA.EU ///

Louise Weiss stammte aus dem Elsass, doch die Wurzeln ihrer Familie lagen auch in Lothringen, Deutschland und Österreich-Ungarn. Ihre Abstammung, aber vor allem ihr Denken und Handeln, machten sie zu einer echten Europäerin: Bereits während des Ersten Weltkriegs gründete sie die Zeitschrift *Europe Nouvelle,* die für ein vereintes Europa eintrat. Später engagierte sie sich für Frauenwahlrecht, Entwicklungspolitik und den Aufbau der Vereinten Nationen. Bei den ersten Direktwahlen zum Europäischen Parlament wurde sie 1979 zur Abgeordneten gewählt und blieb bis zu ihrem Tod dessen Alterspräsidentin.

Das Parlament war aus der 1958 in Straßburg gegründeten Parlamentarischen Versammlung hervorgegangen, tagte aber bis 1999 in den Räumen des Europarates. Erst dann erhielt es ein eigenes Gebäude, das nach Louise Weiss benannt wurde und aus drei Teilen besteht: einem 60 Meter hohen Turm, einem gläsernen Bogen, der sich um den Turm schmiegt, und einer Kuppel, die aus dem Bogen hervorragt und unter der sich der Plenarsaal befindet. Mit bis zu 800 Plätzen ist es der derzeit größte Europas.

Der Weg in das Gebäude steht allen Bürgern offen und führt über einen mit den Fahnen der EU-Staaten geschmückten Vorplatz auf die sogenannte Agora, einen fast sakral wirkenden Ort voller Symbole: Die elliptische Grundform erinnert an ein Ei, Ursprung allen Lebens, oder an die Planetenbahnen, Kern unseres Weltbildes. Helle und dunkle Bodenlinien lassen an ein Schachbrett denken, Symbol eines friedlichen Meinungsstreits. Die Wände sind mit rotem Vogesen-Sandstein verkleidet, aus dem schon das Straßburger Münster errichtet wurde. Schade nur, dass die Parlamentarier die meiste Zeit gar nicht hier, sondern in Brüssel oder Luxemburg unterwegs sind …

🖉   Die Parlamentssitzungen sind öffentlich zugänglich, eine Anmeldung ist nicht erforderlich. Auf Anfrage finden kostenlose Gruppenführungen statt.

DAS VIERTEL LIEGT AUF DER WACKEN-INSEL, SÜDLICH DER ALLÉE DU PRINTEMPS. VOM THEATER LE MAILLON, WO MAN AUCH PARKEN KANN, SIND ES NUR WENIGE SCHRITTE.

Ein größerer Kontrast ist kaum denkbar: Auf der einen Seite steht der mächtige Bau des Europäischen Parlaments, durch dessen Eingang sich schick gekleidete Damen und Herren drängen. Unmittelbar daneben reihen sich kleine, rosa und cremefarben gestrichene Häuschen aneinander, auf den verkehrsberuhigten Straßen und in den kleinen Gärten des Viertels spielen zahlreiche Kinder. Ersteres kennt man aus den Abendnachrichten, letzteres kennen vor allem die Straßburger. Aber es ist ihnen ans Herz gewachsen.

Gründer dieser Gartenstadt war Charles-Léon Ungemach, ein Straßburger Konservenfabrikant mit sozialem Gewissen. Schon um 1900 gab es in seinem Unternehmen eine Kantine und eine Krankenstation, eine Bibliothek und sanitäre Anlagen. Die Arbeiter hatten Anspruch auf Gewinnbeteiligung und bezahlten Urlaub, für die Kinder wurden Sommerlager organisiert. Daneben war Ungemach noch Abgeordneter im Landtag von Elsass-Lothringen und im Straßburger Gemeinderat, 1918 sogar kurzzeitig Bürgermeister. Seine beträchtlichen Gewinne aus dem Ersten Weltkrieg investierte er in eine Stiftung, aus der diese Cité hervorging. Sie wurde in den Jahren 1923–26 errichtet und trägt heute seinen Namen. 1950 ging sie in städtischen Besitz über, zur Jahrtausendwende wurde sie aufwändig saniert.

Ein Spaziergang durch das Viertel führt an den Ufern der Aar entlang, über kleine Straßen und Plätze, vorbei an 139 Bungalows. Drei verschiedene Grundtypen gibt es, doch alle verfügen über mindestens 100 Quadratmeter Wohnfläche sowie einen kleinen Garten. Auch die Mieten sind äußerst günstig. Allerdings haben nur junge Familien oder Paare mit Kinderwunsch Anspruch auf einen Wohnplatz. Früher war auch körperliche und »moralische« Gesundheit ein Kriterium: Die Paare mussten verheiratet, die Frauen durften nicht berufstätig sein. Heute spielt dies freilich keine Rolle mehr.

✍ Im südlichen Vorort Neuhof befindet sich das Stockfeld, eine ältere und ebenfalls sehenswerte Gartenstadt aus der deutschen Kaiserzeit (1910).

WENN NICHT GESTREIKT WIRD, LÄDT DAS THEATER ZU EINEM BUNTEN PROGRAMM EIN.

LE MAILLON – THÉÂTRE DE STRASBOURG /// 7 PLACE ADRIEN ZELLER /// 67000 STRASBOURG /// 00 33 / 3 88 / 27 61 81 /// WWW.MAILLON.EU/DE ///

KREATIVES PROVISORIUM
Le Maillon

Ob staatlich, städtisch oder privat: Straßburgs Theaterlandschaft ist äußerst vielfältig. Doch ausgerechnet das vielleicht innovativste Theater von allen verfügt über kein eigenes Haus: das Maillon. 1978 als städtischer Kulturverein gegründet, war es zunächst im Straßburger Vorort Hautepierre beheimatet. 2003 fiel der gerade aufwändig sanierte Theaterbau einem Brandanschlag zum Opfer. Seitdem ist das Maillon provisorisch in einer alten Messehalle aus den 30er-Jahren untergebracht. Die Akustik ist mittelmäßig, die Heizung miserabel, zudem muss das gesamte Areal einmal pro Jahr geräumt werden, um der Straßburger Messe Platz zu machen. Trotzdem oder vielleicht gerade deshalb entstand aus und in diesem kreativen Chaos ein Angebot, das jedes Jahr circa 35.000 Menschen anzieht.

Maillon heißt soviel wie Bindeglied, ein Name, dem das Team alle Ehre macht: Da kein eigenes Ensemble vorhanden ist, werden meist junge Truppen aus der ganzen Welt zu Gastspielen und Workshops eingeladen. Neben Sprechtheater in unterschiedlichsten Sprachen steht auch moderner Tanz und Musik, Videokunst und Zirkus auf dem Programm, oft sind die Genres auch gemischt. Aus der Not des Raummangels macht das Maillon mittlerweile eine Tugend und findet jedes Jahr neue, ungewöhnliche Aufführungsorte: ein Zelt, eine Industriebrache, eine alte Brauerei, einen umgebauten Bus ...

2005 initiierte das Maillon ein Theaterfestival, das unter dem Namen *Premières* jungen Regisseuren aus ganz Europa eine oftmals erste Plattform bietet. Partner sind das Straßburger Nationaltheater TNS und seit 2013 das badische Staatstheater in Karlsruhe. Künftig soll das Festival abwechselnd auf deutscher und französischer Seite stattfinden, auch dies eine europäische Premiere.

✆   Für eine geringe Jahresgebühr kann man Mitglied im Trägerverein des Maillon werden und hat dann Anspruch auf 60 Prozent Ermäßigung.

CHÂTEAU DE POURTALÈS /// 161 RUE MÉLANIE /// 67000 STRASBOURG ///
00 33 / 3 88 / 45 84 64 /// WWW.CHATEAU-POURTALES.EU ///

MÄRCHEN- ODER GEISTERSCHLOSS?

Château de Pourtalès

Im Norden der Vorstadt Robertsau liegt, von Touristen weitgehend unentdeckt, Schloss Pourtalès, ein beliebtes Ausflugsziel der Straßburger. Im Sommer zieht es viele Familien zu einem Picknick in den herrlich verwilderten und mit modernen Skulpturen originell geschmückten Park. Schöne Rad- und Wanderwege führen von hier in die nahen Rheinauen und zu verschiedenen Badeseen. Das Schloss selbst freilich kann nicht besichtigt werden und gilt wohl gerade deshalb als verwunschener Ort.

1750 wurde es von Joseph Guérault errichtet und 1802 von Athanase Paul Renouard de Bussière aufgekauft. Der Sprössling einer reichen Adelsfamilie aus der Bretagne baute es zu einem Landsitz aus, seine Gattin Frédérique begründete hier einen Salon, den ihre Tochter Mélanie fortführte. Ihrem Mann, dem Graf Edmond de Pourtalès verdanken wir den im englischen Stil gestalteten Park. Wer ist hier nicht schon alles spaziert: der spätere König Ludwig I. von Bayern, der junge Franz Liszt, Kaiser Napoléon III. nebst Gattin. Auch als Straßburg 1871 deutsch wurde, blieben die Soireen der Comtesse gesellschaftliche Großereignisse, obwohl hier nur Französisch gesprochen wurde. Keiner wollte fehlen: weder der badische Großherzog noch der deutsche Kaiser und seine Statthalter. Albert Schweitzer begegnete hier eines Abends einem Nachfahren des Fürsten Metternich nebst Gattin.

Mélanie de Pourtalès starb 1914, ohne die ersehnte Rückkehr ihrer Stadt zu Frankreich noch zu erleben. Zwischen den Weltkriegen bemühte sich ihre Tochter Agnès um eine Fortführung des Salons, mit wenig Erfolg. In den 50er-Jahren befand sich hier das Free Europe College, das sich an Studierende aus Osteuropa richtete, ab 1972 eine amerikanische Privatuniversität und ab 2009 ein Hotel. Doch der Zentralbau bleibt unzugänglich, die Geister der Vergangenheit wollen nicht gestört werden …

☞ Am Eingang zum Schlosspark lädt die Winstub *Le Jardin du Pourtalès* zum Verweilen ein. Das Grab von Mélanie de Pourtalès findet sich auf dem Friedhof von Straßburg-Robertsau.

293

KRUTENAU UND DEUX RIVES

VON DER ILL ZUM RHEIN

D'LETSCHTE?

Centre culturel alsacien

»Mir senn schien's d'Letschte, ja d'Allerletschte, vun dänne Lätze wo noch so bàbble, wie de Schnàwel en gewachse-n-esch.« So beginnt Germain Mullers Abgesang auf die elsässische Sprache aus dem Jahr 1964, als diese noch putzlebendig schien. Doch abgesehen von zweisprachigen Straßenschildern ist das Strossburjerditsch heute kaum noch sichtbar. War es das also, oder, mit Muller gesprochen: »Esch ferti mit däm Tràfari?« Einige Anhänger der viel beschworenen elsässischen Doppelkultur wollten sich damit nicht abfinden und eröffneten 2011 im Herzen Straßburgs das Elsässische Kulturzentrum. Eine junge Einrichtung also, aber mit längerer Vorgeschichte.

1968 war nicht nur ein Jahr europaweiter Studentenunruhen, in Frankreich erwachte damals auch das Interesse an Regionalsprachen. Im Elsass führte dies zur Gründung der René-Schickele-Gesellschaft, die sich heute »Culture et bilinguisme d'Alsace et de Moselle« nennt und für Zweisprachigkeit in Schule und Gesellschaft eintritt. Seit 1970 publiziert der Verein die Vierteljahreszeitschrift *Land un Sproch,* 1976 kam die Verlags- und Vertriebsgesellschaft SALDE hinzu. 1990 gründeten Vereinsmitglieder die Initiative ABCM Zweisprachigkeit, die mehrere zweisprachige Privatschulen im Elsass und in Lothringen betreibt. Was noch fehlte, war eine Bildungsstätte für Erwachsene: Lernort und Netzwerkstatt zugleich.

Das äußerlich unscheinbar wirkende Zentrum, das diese Lücke nun füllt, hat es in sich: Neben einem Ausstellungs- und einem Verkaufsraum für Bücher und CDs bietet es Platz für Sprachkurse und Gesprächskreise, Dichterlesungen und Vorträge, Diskussionsrunden und Workshops. Inhaltlich reicht die Palette von geschichtlichen über kulturelle bis zu tagespolitischen Themen, natürlich alle mit Bezug zum Elsass. Die Arbeitssprache wechselt zwischen Deutsch, Französisch und Elsässisch hin und her. Es geht also doch!

Gegenüber lockt das 1908 errichtete Jugendstilbad der Stadt mit zwei Schwimmhallen, einem römisch-irischen Schwitzbad und einer Sauna.

BLICK AUF DIE BISTRO-BOOTE AM QUAI DES PÊCHEURS.

CAFÉ ATLANTICO /// QUAI DES PÊCHEURS /// 67000 STRASBOURG ///
00 33 / 3 88 / 35 77 81 /// WWW.CAFE-ATLANTICO.NET ///

Leise hebt und senkt sich das am Quai des pêcheurs vertäute Bistro-Boot, eines von vieren. Ich sitze auf der feuerrot gestrichenen Terrasse an einem rustikalen Holztisch, sehe die überfüllten Touristenboote auf dem trüben Wasser der Ill vorbeigleiten und blättere in einem Bildband, den ich gerade auf dem Bücherflohmarkt gekauft habe. Er zeigt das alte Straßburg um 1900, darunter auch Fotos des damaligen Fischerhafens. Erstaunlich, wie wenig sich verändert hat. Die Lagerhallen mussten in den 20er-Jahren zwar einem schicken Wohnblock weichen, doch die Boote sind geblieben, freilich umfunktioniert zu Kneipen und Cafés.

An den einstigen Hafen erinnert noch der Anker auf dem windschiefen Turm der Kirche Saint-Guillaume, bei dessen Bau angeblich der Teufel seine Finger im Spiel hatte. Auf der alten Postkarte in meinem Buch heißt sie noch Willemerkirche. Auch das Pissoir daneben ist auf dem Foto bereits zu sehen. Im Zuge der Gleichberechtigung hat es mittlerweile auch einen Fraueneingang bekommen. Heiliges und Profanes steht hier eben seit Generationen nebeneinander. Früher freilich prallten an diesem so idyllisch wirkenden Ort soziale und kulturelle Gegensätze deutlich aufeinander.

Drei sehr unterschiedliche Stadtviertel berühren sich hier nämlich: die bürgerliche Altstadt, deren Bewohner schon früh begannen, Französisch zu parlieren, die wilhelminische Neustadt, in der bis 1918 vor allem deutsche Einwanderer wohnten, und schließlich die volkstümliche Krutenau, wo das Elsässische dominierte. Verteilung und Zusammensetzung der Bevölkerung hat sich seitdem stark geändert, doch die kulturelle Vielfalt hat eher zugenommen: Italienische, arabische, türkische und chinesische Restaurants reihen sich heute am *Quai des pêcheurs* aneinander, auf den Terrassen hört man Sprachen aus vielen Ländern. Multikulti kann so schön sein …

✍ In der benachbarten Rue Ernest Munch (Hausnummer 3) bietet das Kreativ-Zentrum Les Bateliers kunsthandwerkliche Kurse für Kinder und Erwachsene an.

DAS PFARRHAUS, IN DEM BÜCHNER WOHNTE (66 RUE SAINT-GUILLAUME), WURDE 1906 ABGERISSEN, DOCH DIE WILLEMERKIRCHE (SAINT-GUILLAUME) STEHT NOCH IMMER. WEITERE INFORMATIONEN ZU SEINER STRASSBURGER ZEIT FINDEN SICH AUF DEM GEORG-BÜCHNER-PORTAL.

BUECHNERPORTAL.DE/ZEITTAFEL/STRASSBURG-1835-1836 ///

Seit seinem 300. Geburtstag hat er endlich auch in Straßburg eine eigene Gedenktafel: Georg Büchner, der Dichter, dessen schmales, aber gewichtiges Werk großteils in der elsässischen Hauptstadt entstand. Sein Straßburg war eine Stadt der Romantik, die wegen ihrer zahlreichen, heute zugeschütteten Kanäle auch »Venedig des Nordens« genannt wurde und deutsche wie französische Dichter inspirierte. Aber es war auch eine hochpolitische Stadt: Die Julirevolution von 1830 lag bei Büchners Ankunft erst wenige Monate zurück, die sozialen Spannungen waren förmlich greifbar, fast täglich fanden Demonstrationen statt.

Der junge Deutsche, der in der Arbeitervorstadt Krutenau bei Pastor Johann Jakob Jaeglé zur Untermiete wohnte und an der benachbarten Akademie Medizin studierte, wurde von beiden Bewegungen erfasst: Mit seinen Freunden, den romantischen Dichtern Adolphe und Auguste Stoeber, durchwanderte er seine geliebten Vogesen. Daneben diskutierte er aber auch mit seinen Brüdern aus der Studentenverbindung Eugenia über die politische Zukunft eines demokratischen Europas. Und schließlich fand er sogar noch Zeit, zarte Bande zu Wilhelmine Jaeglé zu knüpfen, der Tochter seines Vermieters.

Zurück in Deutschland, versuchte Büchner mit einer Flugschrift die hessischen Bauern zur Revolution anzustacheln, ein ebenso tollkühnes wie naives Unterfangen. Die Verschwörer flogen auf und wurden verhaftet, Büchner jedoch gelang die Flucht zurück nach Straßburg. Als ahnte er, dass ihm nur noch wenige Monate blieben, schuf er hier in kurzer Zeit sein wissenschaftliches Werk in französischer und sein literarisches in deutscher Sprache: *Leonce und Lena*, den *Woyzeck* und die Lenz-Novelle. 1836 nahm er einen Lehrauftrag an der Universität Basel an, starb aber schon wenige Wochen später an Typhus.

✍ An der Place du vieux marché aux vins erinnert seit 1895 ein obeliskartiges Denkmal an die Straßburger Dichterfamilie Ehrenfried, Adolphe und Auguste Stoeber.

Manche Lieblingsplätze finden sich auf keinem Stadtplan, da sie ständig in Bewegung sind, so auch die *Charles Frey*. Ein Straßburger diesen Namens steuerte als Bürgermeister von 1935 bis zu seinem Tod 1955 seine Stadt durch die unruhigen Gewässer der Weltgeschichte. Doch nicht von ihm, sondern von einer betagten Dame gleichen Namens soll hier die Rede sein: einem bald nach Freys Tod in Holland gebauten Schiff, das heute als schwimmendes Restaurant seine Runden durch die Stadt zieht.

Bitte verwechseln Sie es nicht mit den gläsernen Bateaux-Mouches, die im Viertelstundentakt die Altstadt umfahren, das ist schwimmende Massenware. Die *Charles Frey* wirft sich nicht jedem an den Hals, sondern tritt diskret auf und scheint Werbung kaum nötig zu haben. Nur einen festen Termin pro Woche gibt es, immer dienstagabends. Dafür dauert diese Tour, die am Quai des pêcheurs startet, mehr als doppelt so lang wie die der am Palais Rohan beheimateten Konkurrenz. Sie führt rund um die Altstadt, durch mehrere Vororte, den Straßburger Hafen oder alternativ in den Norden Straßburgs. Die erläuternden Kommentare kommen nicht vom Tonband, sondern von einem Sprecher aus Fleisch und Blut. Dass schon einige Jahrzehnte unter dem Kiel der *Charles Frey* vorbeiglitten, möchte ich ebenfalls auf der Haben-Seite verbuchen, zumal das Schiff erst kürzlich saniert wurde und nun mit einer Terrasse am Heck aufwarten kann.

Herzstück ist natürlich der Speisesaal, wo die Gäste an der Fensterfront Platz nehmen und während der Fahrt mit einem Drei-Gänge-Menü verwöhnt werden: mal mit regional-elsässischem, mal mit national-französischem Akzent. Da man dabei auch möglichst viel sehen möchte, empfehle ich nicht die Abend-, sondern die Mittagstour: Sie findet in unregelmäßigen Abständen statt, die Termine finden sich auf der dreisprachigen Homepage des Unternehmens.

☞ Am vierten Dienstag jeden Monats wird statt des Menüs eine kalte Platte geboten, ideal für alle, die weniger essen oder weniger bezahlen wollen.

Pictura

L. Eichinger 1892

HAUTE ÉCOLE DES ARTS DU RHIN /// 1 RUE DE L'ACADÉMIE ///
67082 STRASBOURG /// 00 33 / 3 69 / 06 37 77 /// WWW.HEAR.FR //°

Der Garten der Straßburger Kunstgewerbeschule ist ein versteckt gelegener Hafen der Ruhe. Und ein Ort der Kontraste: Neben einem idyllischen Goldfischteich erinnert ein Denkmal an die Opfer des preußischen Bombardements von 1870, die an dieser Stelle, dem ehemaligen botanischen Garten der Straßburger Universität, in einem Massengrab beigesetzt wurden. Dahinter zeugt die eindrucksvolle Jugendstilfassade der Schule von dem modernen und offenen Geist, der seit der Gründung dieser Einrichtung hier weht. Ein Skulpturengarten veranschaulicht zudem, womit sich die Studierenden heute beschäftigen.

1887 wurde die Schule unter deutscher Herrschaft gegründet. Ihr erster Direktor hieß Anton Seder, war Bayer und kein Freund der Preußen, die in Straßburg damals den Ton angaben. Kein Wunder, dass die Schule schon bald ein kritischer Gegenpol zur eher angepassten Universität wurde. Nach 1918 nahm sie den Namen ESAD an (Ecole Supérieure des arts décoratifs). 2011 schloss sie sich mit der Straßburger Musik- und der Mülhauser Kunsthochschule zur HEAR (Haute école des arts du Rhin) zusammen. Die Namen wechseln, der Geist bleibt …

Generationen elsässischer Künstler wurden hier in Kunsthandwerk, Kommunikation und Design ausgebildet: der Jugendstil-Künstler Georges Ritleng, der der Schule in den 30er-Jahren als Direktor vorstand, der berühmte Bildhauer Jean Hans Arp, der Straßburger Maler Camille Claus, und auch der Tausendsassa Tomi Ungerer, wobei letzterer allerdings nach wenigen Wochen wegen Disziplinlosigkeit wieder hinausgeworfen wurde. Die Werke einiger ehemaliger Studenten sind heute im Straßburger Museum für moderne und zeitgenössische Kunst (MAMCS) zu bewundern. Nur das Enfant terrible Tomi Ungerer hat ein eigenes Museum bekommen.

✐ Der Kunstgewerbeschule gegenüber liegt die 1849 errichtete Tabakmanufaktur, ein schönes Beispiel für Architektur aus der Zeit der industriellen Revolution.

COUR DU CORBEAU /// 6 – 8 RUE DES COUPLES ///
67000 STRASBOURG /// 00 33 / 3 90 / 00 26 26 ///
WWW.COUR-CORBEAU.COM ///

Der steinerne Rabe über dem Portal wirkt ein wenig lädiert, als habe er bereits zu viel Geschichte gesehen. Kein Wunder, denn an diesem Ort werden seit einem halben Jahrtausend Gäste aus aller Welt empfangen: Bereits 1538 öffnete hier der Gasthof *Zum Rappen* seine Tore. Die heutige Fachwerkfassade stammt aus dem 17. Jahrhundert und zählt damit zu den ältesten ihrer Art. Wer den Rabenhof von der Place du corbeau aus betritt, kann sich gut vorstellen, wie einst elegante Kutschen das Portal passierten und von livrierten Dienern empfangen wurden.

Die Liste berühmter Gäste, die hier logierten, ist lang: im 17. Jahrhundert sollen hier der französische Feldmarschall Turenne und der polnische König Johann II. Kasimir Wasa übernachtet haben. Ihnen folgten im 18. Jahrhundert der preußische König Friedrich II. und der österreichische Kaiser Joseph II., der Philosoph Voltaire und der Lebemann Giacomo Casanova. Letzterer freilich machte noch am Abend seiner Ankunft eine Damenbekanntschaft und verbrachte die Nacht wohl an anderem Ort. Mit der Französischen Revolution endete die Glanzzeit des Hotels, das zur billigen Absteige verkam. Doch eben dies war der Grund, weshalb 1838 zwei abgebrannte Poeten – sie hatten ihr Geld im Casino von Baden-Baden verspielt – hier Unterschlupf fanden: Alexandre Dumas und Gérard de Nerval.

Wenige Jahre später musste das Hotel ganz schließen, doch die Magie des Ortes blieb gewahrt. In dem alten Gemäuer wurden Werkstätten und Arbeiterwohnungen der Fabrik Frères Ott eingerichtet, deren Glasfenster zahlreiche Kirchen und öffentliche Bauten des Elsass schmücken. Als 1982 auch dieses Unternehmen aufgegeben wurde, begann für den Rabenhof eine Zeit der Agonie, bis im Jahr 2009 an historischem Ort erneut ein Hotel eröffnete. Freilich sollten Gäste ihr Geld vorher besser nicht ins Casino tragen …

✍ Im Nachbarhaus braute der Straßburger Geronimus Hatt 1664 sein erstes Bier. Daraus erwuchs die größte Brauerei Frankreichs, Kronenbourg (heute in Obernai).

DER SPITALSTURM (TOUR DE L'HÔPITAL) MARKIERT DEN EINGANG ZUM BÜRGERSPITAL.

CAVE HISTORIQUE DES HOSPICES DE STRASBOURG ///
1 PLACE DE L'HÔPITAL /// 67091 STRASBOURG ///
00 33 / 3 88 / 11 64 50 /// WWW.VINS-DES-HOSPICES-DE-STRASBOURG.FR ///

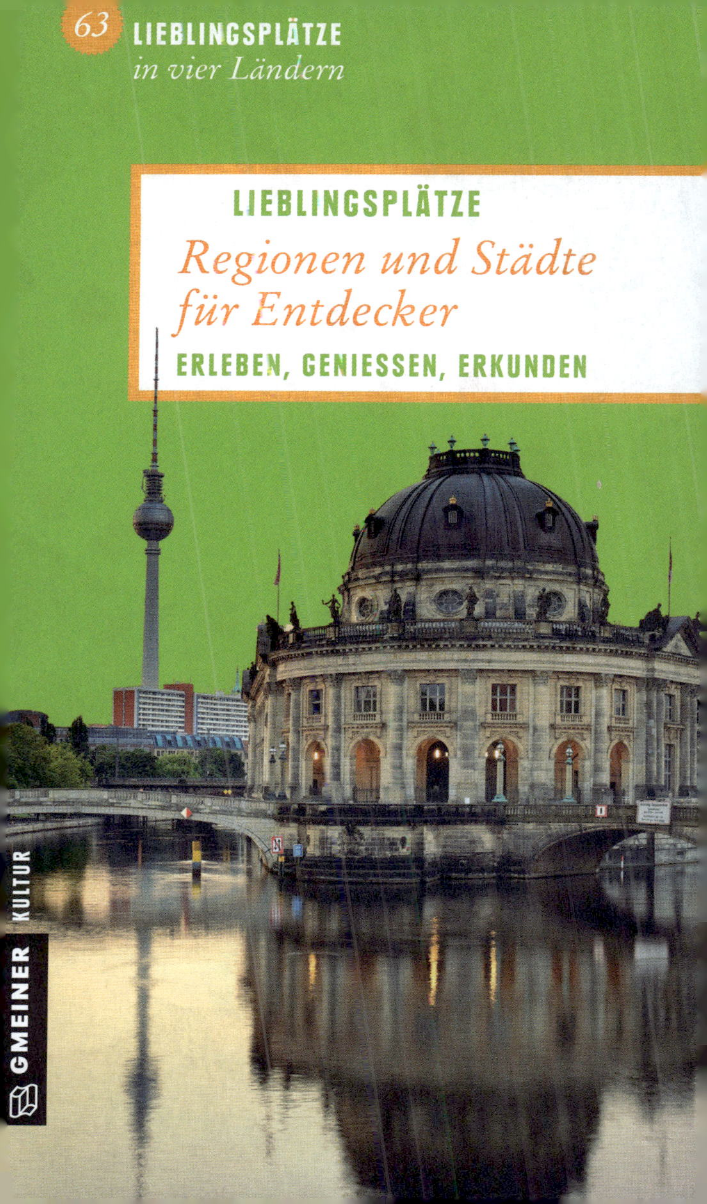
63
LIEBLINGSPLÄTZE
in vier Ländern
LIEBLINGSPLÄTZE
Regionen und Städte
für Entdecker
ERLEBEN, GENIESSEN, ERKUNDEN
GMEINER
KULTUR

BEIM ÄLTESTEN FASSWEIN DER WELT
Hospices de Strasbourg

35

Der älteste noch immer trinkbare Fasswein der Welt lagert in einem Straßburger Kellergewölbe aus dem Jahr 1395, direkt unter dem Universitätskrankenhaus. Die Einrichtung geht auf das im 12. Jahrhundert gegründete Bürgerspital zurück, das sich teilweise durch den Verkauf von Weinen aus eigenem Anbau finanzierte. Im Laufe der Jahrhunderte entwickelte sich diese Institution dank zahlreicher Schenkungen ehemaliger Patienten zu einem der größten Weinbergbesitzer der Region. Auch als Medizin fanden die Weine Verwendung, eine charmante Vorstellung. Mit der Französischen Revolution verlor das Spital zwar seinen Grundbesitz, nicht aber seinen Keller. Anlässlich seines 600. Geburtstages wurde er im letzten Moment vor dem Verfall gerettet und erstrahlt seit einigen Jahren wieder in neuem Glanz.

Wer in das ehrwürdige Gewölbe hinabsteigt, findet auf über tausend Quadratmetern 50 Fässer vor, einige sind mehrere hundert Jahre alt. Darin lagern ausgewählte Weine von 30 elsässischen Weingütern, die nach der Flaschenabfüllung mit einem Sonderetikett versehen werden. Sie alle sind natürlich vor Ort, aber auch im normalen Handel erhältlich.

Im ältesten Fass wird ein Wein des Jahrgangs 1472 aufbewahrt, ein wahrer Methusalem. In den letzten 500 Jahren wurde er nur viermal ausgeschenkt: zur Begrüßung einer Zürcher Delegation im Jahr 1576, zur Feier des Spital-Neubaus 1718, bei einem Bankett des provenzalischen Dichters Frédéric Mistral 1868 und anlässlich der Befreiung Straßburgs durch General Leclerc 1944. Bei Kellerführungen darf man immerhin ein wenig daran schnuppern. Der süßlich-modrige Geruch, der mir bei dieser Gelegenheit entgegenschlug, versöhnte mich dann auch mit der Tatsache, dass mir eine Kostprobe bis auf Weiteres versagt bleibt ...

✍ Beim Spaziergang über das weitläufige Gelände des Bürgerspitals lohnt sich ein Blick auf die Alte Apotheke, einen Fachwerkbau aus dem 16. Jahrhundert.

RESTAURANT
CHOUCROUTERIE
THÉÂTRE

DAS KONTERFEI DES BÄRTIGEN BARDEN ROGER SIFFER STEHT FÜR ESSEN
UND KULTUR MIT PFIFF.

THÉÂTRE DE LA CHOUCROUTERIE /// 20 RUE SAINT-LOUIS ///
67000 STRASBOURG /// 00 33 / 3 88 / 36 07 28 ///
WWW.THEATREDELACHOUC.COM ///

VIEL MEHR ALS SAUERKRAUT
La Choucrouterie

36

Die elsässische Sprache hat keinen leichten Stand: Die Zahl ihrer Sprecher schrumpft kontinuierlich, in Straßburg ist sie aus dem öffentlichen Raum fast ganz verschwunden. Ganz? Nein, denn ein unbeugsamer Gallier stemmt sich mit seinem Dickschädel gegen den allgemeinen Trend und ist damit auch noch erfolgreich. Sein Name ist Roger Siffer.

Der 1948 geborene Elsässer mit der markanten Struwwelfrisur entschied sich nach einem abgebrochenen Philosophiestudium für eine Karriere als Musiker. 1968 stand er zum ersten Mal auf der Bühne und überraschte sein elsässisches Publikum mit amerikanischen Pop-Songs in französischer Sprache. Der Straßburger Kabarettist Germain Muller holte ihn daraufhin an sein Privattheater Le Barabli an der Place Broglie. An diesem legendären Ort, wo seit 1946 das Elsässische als Kultursprache gepflegt und ein halbes Jahrhundert regionaler Kulturgeschichte geschrieben wurde, entdeckte auch Siffer die Poesie seiner Muttersprache neu. In den 80er-Jahren kaufte er eine leer stehende Sauerkrautfabrik und eröffnete in den renovierten Räumen eine Künstleragentur, ein Restaurant und eine Kleinkunstbühne: das Sürkrüt-Theat'r beziehungsweise La Choucrouterie. Seit 1994 tritt Siffer hier jedes Jahr mit einer eigenen Revue auf, Sonderprogramme und Gastspiele kommen hinzu.

Spezialität der Chouc', wie sie auch genannt wird, ist ihre Mehrsprachigkeit. Die Revue etwa wird parallel in zwei Räumen gespielt, auf Elsässisch und gleichzeitig auf Französisch, die Künstler wechseln ständig Ort und Sprache. Andere Abende sind sprachlich gemischt, aber so, dass auch einsprachige Zuschauer folgen können. Selbst die etwas beengten Raumverhältnisse und nicht allzu bequemen Sitze schrecken nicht ab: Über 20.000 Menschen besuchen die Veranstaltungen jedes Jahr. Natürlich kann man Siffers CDs und Bücher auch vor Ort kaufen.

🖋 Wer vor oder nach einer Aufführung im hauseigenen Restaurant essen will, sollte vorher dort reservieren (Vorsicht, andere Nummer: 00 33 / 3 88 / 36 52 87).

LASTKRAHN AM EHEMALIGEN STADTHAFEN VOR DER MEDIATHEK.

MÉDIATHÈQUE ANDRÉ MALRAUX /// 1 PRESQU'ÎLE ANDRÉ MALRAUX ///
67076 STRASBOURG /// 00 33 / 3 88 / 60 90 90 ///
WWW.MEDIATHEQUES-CUS.FR ///

DER BÜCHERHAFEN
Médiathèque André Malraux

37

Im Juli und August verwandelt sich das Bassin d'Austerlitz am ehemaligen Straßburger Stadthafen allabendlich für eine halbe Stunde in eine bunte Märchenwelt: Zu jährlich wechselnden Themen bietet die Stadt ihren Bewohnern und Besuchern eine fantasievolle Show mit Ton- und Lichteffekten, Wasserfontänen und Feuerwerk. Die beste Sicht auf das kostenlose Spektakel hat man von der Malraux-Halbinsel, auf der 2008 die neue Mediathek ihre Tore öffnete.

Die Geschichte des Ortes ist noch jung: Nachdem der Rhein begradigt und damit schiffbar geworden war, wurde 1880 mit dem Bau des Stadthafens begonnen, bereits 1892 legte das erste Dampfschiff an. Ab 1932 ließ die Firma Seegmuller aus Backstein und Beton mächtige Getreidespeicher errichten, die seit der Jahrtausendwende sukzessive umgebaut werden: zu Wohn- und Geschäftshäusern, einem Studentenwohnheim und der neuen, nach dem Schriftsteller und Kulturpolitiker André Malraux benannten Mediathek von Straßburg.

Auf zugleich funktionale und poetische Art und Weise gelang es den Architekten Jean-Marc Ibos und Myrto Vitart, scheinbare Gegensätze zu versöhnen: Der ursprüngliche Charakter des Industriegebäudes blieb gewahrt, zwei ehemalige Lastkräne schmücken nun den Vorplatz. Gleichzeitig bekam die historische Fassade einen neuen Anstrich und einen modernen Anbau aus Stahl und Glas. Im Innern stehen den Nutzern auf sechs Etagen Bücherregale von insgesamt 20 Kilometern Länge zur Verfügung, in denen über 160.000 Medien lagern. Darüber hinaus entwickelte sich die Mediathek auch zu einem wichtigen Ort für Veranstaltungen rund um das Thema Literatur: mit Ausstellungen, Lesungen, Kolloquien und der jährlichen Verleihung des Goncourt-Preises für die beste französischsprachige Novelle. Das umfangreiche Jahresprogramm liegt vor Ort aus.

☞ Gegenüber der Mediathek befindet sich die 2006 eröffnete Cité de la musique et de la danse mit einem vielseitigen Musikangebot von Klassik bis Jazz.

AUF DEM FLUGFELD POLYGONE IN STRASBOURG-NEUDORF LERNTE DER
VATER DES KLEINEN PRINZEN DAS FLIEGEN, DAS NACH IHM BENANNTE
PROGRAMMKINO LEHRT DIE BESUCHER DAS TRÄUMEN.

LE STAR SAINT-EXUPÉRY /// 18 RUE DU 22 NOVEMBRE ///
67000 STRASBOURG /// WW.CINEMA-STAR.COM ///

DER FLIEGER
Antoine de Saint-Exupéry in Straßburg

Der Asteroid 2578 und der Flughafen seiner Geburtsstadt Lyon tragen seinen Namen, bis zur Euro-Einführung zierte sein Konterfei den 50-Francs-Schein. Keine Frage, der Autor des weltberühmten Buchs *Der kleine Prinz* (1943) ist ein literarischer Superstar. Doch selbst vielen Straßburgern dürfte unbekannt sein, dass er 1921 mehrere Monate hier gewohnt hat, in der Nähe der Place Kléber. Was also verband Saint-Ex, wie ihn seine Fans nennen, mit der elsässischen Metropole?

Antoine Marie Jean-Baptiste Roger Graf von Saint-Exupéry, so sein vollständiger Name, wuchs in verschiedenen Landschlössern im Süden Frankreichs auf. Nach einer sehr mittelmäßigen Schulkarriere und der verpatzten Aufnahme in die Marine begann er eher lustlos ein Architekturstudium, das er bald wieder abbrach. Stattdessen machte er zunächst seinen Wehrdienst und wurde als Hilfsmechaniker einem Jagdfliegergeschwader (2e R.A.C.) in Straßburg-Neudorf zugeteilt. Der Ort, Polygone genannt, war 1720 als französischer Exerzierplatz angelegt und 1913 in einen deutschen Militärflughafen für Zeppeline umgewandelt worden. Obwohl Saint-Exupéry die Nächte eigentlich in der Kaserne hätte verbringen müssen, nahm er sich ein Zimmer im Zentrum von Straßburg: »Eine famose Stadt«, schrieb er damals an seine Mutter, »alle Merkmale einer Großstadt.«

Dass seine Vermieter kein Wort Französisch sprachen, störte ihn weniger als die Tatsache, dass seine Vorgesetzten ihn zunächst nicht zur Pilotenausbildung zuließen. So nahm er privat Flugstunden und zeigte sich dabei so begabt, dass er schließlich doch seinen Schein als Militärflieger machen durfte. Dennoch verzichtete er am Ende auf die Offizierslaufbahn und schlug sich erst einmal einige Jahre als Gelegenheitspilot durch. Nebenbei begann er, über die geliebte Fliegerei auch zu schreiben. Der Rest ist Geschichte …

☞ Saint-Exupérys einstiges Wohnhaus in der Rue du 22 novembre (Hausnummer 12) ziert eine Gedenktafel, vier Häuser weiter befindet sich ein nach ihm benanntes Kino.

WASSERSPIELE IM ZWEI-UFER-GARTEN /// JARDIN DES DEUX RIVES ///
RUE DES CAVALIERS /// 67000 STRASBOURG ///
WWW.DE.STRASBOURG.EU/DE/STRASSBURG-ENTDECKEN/KULTURERBE/
SEHENSWUERDIGKEITEN/GARTEN-UND-BRUECKE-DER-ZWEI-UFER/ ///

WASSER-MUSIK

Jardin des deux rives

38

Am letzten Samstag im Juni wird eine schlichte Wiese am Straßburger Rheinufer für einen Abend zu meinem Lieblingsplatz: Soweit es nicht gerade regnet, treffen sich hier schon am Nachmittag einige Tausend Menschen, Deutsche und Franzosen, zu einem bunten Picknick. Wenn es dunkel wird, geben die Straßburger Philharmoniker ein kostenloses Konzert, das mit einem bunten Feuerwerk vor grandioser Flusskulisse endet: ein Woodstock für Klassikfreunde.

Noch bis zur Jahrtausendwende war dieser Ort der kulturellen Begegnung eine öde Brache an der Grenze. Doch in den folgenden drei Jahren entstand hier eine faszinierende grenzüberschreitende Parklandschaft, zwei Drittel davon auf französischer und ein Drittel auf deutscher Seite. Die Pläne lieferte der deutsche Architekt Rüdiger Brosk, sein französischer Kollege Marc Mimram entwarf eine beide Teile verbindende Fußgänger- und Radfahrerbrücke. 2004 wurde die Anlage im Rahmen der baden-württembergischen Landesgartenschau feierlich eröffnet.

Heute ist der Jardin des deux rives, wie der französische Teil der Anlage heißt, nicht nur der größte Park Straßburgs, sondern auch der facettenreichste. Eine 250 Meter lange, halbkreisförmig geschwungene Wand, über die hinter fröhlichen Springbrunnen ein feiner Film aus Wasser plätschert, zieht die Blicke auf sich. Kunstfreunde finden über die gesamte Fläche verteilt zahlreiche speziell für den Park geschaffene Skulpturen und Kunstgärten, jedes Jahr kommen neue hinzu. In der Zirkus-Schule Graine de cirque können Kinder und Erwachsene ganzjährig Workshops besuchen und sich als Clowns, Akrobaten und Jongleure ausprobieren. Wer hingegen lieber das Tanzbein schwingt, ist in der Guinguette du Rhin richtig: In diesem alten Zirkuszelt finden von Frühjahr bis Herbst zahlreiche Tanzkurse und andere musikalische Veranstaltungen statt.

☞   Am Nachmittag vor dem Konzert findet vor Ort eine öffentliche Probe der Philharmoniker statt: eine Alternative für alle, die abends keine Zeit haben.

DIE PASSERELLE DES DEUX RIVES (AUCH PASSERELLE MIMRAM GENANNT) STEHT IM JARDIN DES DEUX RIVES, SÜDLICH DER EUROPABRÜCKE.

»Rhein, du breites Hochzeitsbette, himmelhohes Lustgerüst!« Was
für den Romantiker Clemens Brentano noch eine poetische Vision
war, ist heute längst eine vielfach gelebte und zwischen Straßburg und
Kehl sogar für jeden sichtbare Wirklichkeit. Hunderte von Vorhän-
geschlössern, auf denen jeweils ein deutscher und ein französischer
Name eingraviert ist, verkünden diese grenzüberschreitende Liebes-
Normalität. Manche sind noch glänzend neu, andere haben schon ein
wenig Rost angesetzt, wie im richtigen Leben eben. Vor allem aber
kommen ständig neue hinzu. Auch der Ort, an dem sie angebracht
werden, ist hoch emotional: eine hundert Quadratmeter große Plattform, 38 Meter über dem Rhein, ziemlich genau in der Mitte zwischen Frankreich und Deutschland.

Seit 2004 verknüpfen drei symbolische Blickachsen den Straßburger Jardin des deux rives mit seinem deutschen Pendant, dem Garten der zwei Ufer. Jede von ihnen hat ein anderes Thema: Die Nord-
achse steht für die Kommunikation, die im Süden für das Spiel und
die mittlere für Bewegung, ausgedrückt durch die *Passerelle des deux
rives*. Diese über 1.000 Tonnen schwere und doch leicht und filigran
wirkende Hängebrücke, nach französischen Plänen und deutschem
Recht errichtet, ruht auf zwei mächtigen Pfeilern: Der linke steht in
französischem Rheinwasser, der rechte in deutschem. Zwei elegant
geschwungene und von 76 Seilen gehaltene Stege führen darüber,
einer für Fußgänger und einer für Radfahrer. In der Mitte vereinigen
sich beide zu besagter Plattform, die einen herrlichen Blick auf den
Strom und seine beiden Ufer bietet.

Ganz konfliktfrei war die Baugeschichte der Passerelle freilich
nicht. Im Vorfeld meldeten sich auf beiden Seiten auch etliche kri-
tische Stimmen. Vor allem um den genauen Standort und die Auf-
teilung der Kosten wurde lange und teilweise erbittert gerungen,
während die Kosten immer mehr aus dem Ruder liefen: Aus den anvi-
sierten elf Millionen wurden schließlich 22, von denen die Straßburger Stadtgemeinschaft 59 und die Stadt Kehl 41 Prozent übernahm.
Doch mittlerweile ist der Frust weitgehend verflogen, die Brücke gilt

längst als gemeinsames Wahrzeichen beider Städte und als Symbol einer deutsch-französischen Freundschaft, die, wie jede gute Ehe, eben auch mal kleinere Krisen aushalten muss.

Im April 2009 diente die Passerelle sogar als Kulisse eines politischen Großereignisses von Weltformat: des Nato-Gipfels Straßburg / Kehl. Die Rückkehr Frankreichs in die militärischen Kommandostrukturen des Bündnisses wurde bei dieser Gelegenheit spektakulär inszeniert, mit einer Begegnung aller 28 Staats- und Regierungschefs auf der Plattform. Die verlorene und nun wiedergefundene Tochter Frankreich, mannhaft vertreten durch Nicolas Sarkozy, erwartete die anderen Mitglieder genau auf der Grenze. Straßburger und Kehler freilich mussten das Geschehen am Bildschirm verfolgen, denn hohe Sichtschutzwände versperrten jeden Blick auf das Geschehen. Eine zunächst friedliche Gegendemonstration, mit 6.000 Teilnehmern auf deutscher und 30.000 auf französischer Seite, endete leider in Vandalismus, der einen bitteren Nachgeschmack hinterließ ...

Da ist mir ein anderes Treffen auf der Passerelle schon lieber: ein grenzüberschreitender Kaffeeklatsch, organisiert vom deutschfranzösischen Verein *Garten // Jardin*. Die Veranstaltung findet an jedem ersten Mittwoch im Monat und bei nahezu jedem Wetter statt. Interessenten sind jederzeit willkommen, allerdings sollten sie etwas zum Teilen mitbringen: Kaffee oder Tee, Kuchen oder Brioches. So manche grenzüberschreitende Freundschaft ist dabei schon entstanden, vielleicht auch eine neue deutsch-französische Liebesgeschichte?

🖋 Nachts wird der Jardin des deux rives auf französischer Seite geschlossen, die Überquerung der Passerelle ist dann nicht mehr möglich.

DIE NACHBARSTADT KEHL

KERNSTADT UND ORTSTEILE

Besonders bäuerlich wirkt die sogenannte Heuwenderin nicht gerade, die in Bronze gegossen am Kehler Rheinufer steht. Aber vielleicht hat der Künstler auch nicht wirklich an Feldarbeit gedacht, als er den zierlichen Körper seines Modells betrachtete und modellierte. Er hieß Albert Schultz, war Straßburger und hatte sich als Schöpfer der Gänseliesel bereits einen Namen gemacht, einer Skulptur, die im Straßburger Parc de l'Orangerie zu bewundern ist.

1906 wurde die Heuwenderin vor dem Kehler Bahnhof aufgestellt, musste aber zu Begirn des Zweiten Weltkriegs einer Flakstellung weichen und ging schließlich ganz verloren. Doch in den 70er-Jahren tauchte in einem Straßburger Schulkeller ein Gipsabdruck auf, der den Nachguss ermöglichte. Da der ursprüngliche Standort mittlerweile mit einer vierspurigen Schnellstraße überbaut worden war, fand das »Mädele«, wie die Kehler sie liebevoll nennen, 2004 einen neuen Platz neben der Villa Schmidt, zu Füßen der Europabrücke.

Besser hätte er nicht gewählt werden können: In der 1914 errichteten Villa wohnte einst die Stifterin der ersten Heuwenderin, Agnes Schmidt, geborene Trick. Sie war Tochter des Besitzers und Gattin des Geschäftsführers der Trick-Zellstoff GmbH, vor 1945 das wichtigste Unternehmen Kehls. Und wie die Skulptur hat auch das Haus eine deutsch-französische Geschichte: Nach dem Ersten Weltkrieg beschlagnahmte die französische Besatzungsmacht die erste Etage, nach dem Zweiten Weltkrieg war die gesamte Villa jahrzehntelang Sitz der französischen Militärverwaltung. Heute befindet sich darin ein französisches Restaurant, beim sonntäglichen Brunch im Wintergarten dominiert klar die französische Sprache. Das Mädele trägt es gelassen, wendet aber, anders als vor dem Krieg, der Stadt Straßburg seinen wohlgeformten Allerwertesten zu.

🖉   Einen modernen Kontrast zur Heuwenderin bildet die daneben aufgestellte Skulptur des Kehler Künstlers Rainer Gutekunst: ein überdimensionierter bunter Stuhl.

DIE SEEBÜHNE LIEGT DIREKT AM ALTRHEIN, GENAU ZWISCHEN DER
SANKT-JOHANNES-NEPOMUK-KIRCHE UND DER MEDIATHEK KEHL.

MEDIATHEK KEHL /// MARKTSTRASSE 9 /// 77694 KEHL ///
0 78 51 / 88 12 88 /// MEDIATHEK.KEHL.DE/MEDIATHEK/INDEX.PHP ///

Ob Kabarett oder Chanson, Theater oder Comedy: Die Palette des Kehler Kultursommers ist breit und das Niveau hoch. Jedes Jahr bietet das städtische Kulturbüro von Mitte Juli bis Anfang September ein buntes, meist kostenloses Samstagabendprogramm. Veranstaltungsort ist seit 2003 die Kehler Seebühne zwischen Altrhein und Rosengarten.

Der Altrhein ist ein ehemaliger Seitenarm des Grenzstroms, der die Kehler Innenstadt von der einstigen Kommissions-Insel trennt und ab 2002 ökologisch saniert wurde. Ein hübscher Weg erschließt die natürlich wirkenden Ufer, die abgeflacht und mal bekiest, mal mit Bäumen, Sträuchern und Röhricht bepflanzt wurden. Im Unterschied dazu ist der Rosengarten eine reine Kunstlandschaft, die mit ihrem kreuzförmigen Grundriss ein wenig an einen mittelalterlichen Klostergarten erinnert. In vier großflächigen Beeten blühen Rosen und Hortensien, eingerahmt von hübschen Sträuchern und anderen Gehölzen. Für kleine Kehler gibt es gleich daneben einen schattigen Spielplatz mit diversen Klettergerüsten. Überragt wird die Szenerie von der im Schicksalssommer 1914 eingeweihten Sankt-Johannes-Nepomuk-Kirche. Ihr schlanker, ein wenig vom Jugendstil beeinflusster Turm wirkt wie ein italienischer Campanile und verleiht dem gesamten Ensemble ein südländisches Flair.

Doch zurück zur Seebühne: Da es mal wieder Sommer und Samstagabend ist, findet sich langsam das Publikum ein, bis zu 400 Personen können es werden. Stühle gibt es keine, stattdessen macht man es sich auf mitgebrachten Decken oder Klappstühlen bequem, für Speis und Trank wird vor Ort gesorgt. Sollte das Wetter einmal nicht mitspielen, steht ersatzweise die benachbarte Stadthalle zur Verfügung. Dann schlägt die Turmuhr an der Sankt-Johannes-Nepomuk-Kirche und die Veranstaltung kann beginnen ...

⌀   Direkt neben der Seebühne befindet sich die Kehler Mediathek, in deren Garten jeden Sommer Lesungen, Vorträge und Workshops stattfinden.

DER WEISSTANNENTURM LIEGT AM SÜDLICHEN ENDE DES ALTRHEINS, GLEICH BEIM SCHWIMMBAD UND DEM RESTAURANT RHEINSCHNECK.

RESTAURANT RHEINSCHNECK /// GUSTAV-WEIS-STRASSE 19 /// 77694 KEHL /// 0 78 51 / 28 07 /// WWW.RHEINSCHNECK.DE ///

Majestätisch ragen am Südende des Kehler Altrheins drei 44 Meter lange Baumstämme in den Himmel, eine Wendeltreppe schraubt sich um sie herum nach oben. Der 2003 errichtete und im Jahr darauf anlässlich der Landesgartenschau feierlich eröffnete Weißtannenturm ist heute eines der Wahrzeichen der Stadt.

Die Weiß- oder Edeltanne gilt als größter Baum Europas und kann über 500 Jahre alt werden. Die vermutlich mächtigsten Stämme finden sich im Schwarzwald, aus dem auch die hier aufgestellten Exemplare stammen. Sie bilden ein gleichschenkliges Dreieck, das durch ein filigranes Stahlnetz stabilisiert wird. 210 hölzerne Stufen führen zu zwei Aussichtsplattformen, in 30 und in 35 Metern Höhe. Kleine, an den Stufen angebrachte Schilder benennen die Paten, die sich an der Finanzierung beteiligt und dadurch den Bau ermöglicht haben. Wer die Mühen des Aufstiegs auf sich nimmt, wird mit einem grandiosen Ausblick belohnt: auf den geheimnisvoll grün schimmernden Altrhein zu Füßen des Turms, auf das schöne Wohnviertel am deutschen Rheinufer und hinüber nach Frankreich zum Straßburger Münster. Bei schönem Wetter reicht die Sicht sogar bis zum Schwarzwald und den Vogesen.

Rund um den Turm wurde eine Spiellandschaft angelegt, die sich zu einem beliebten Treffpunkt für Familien von beiden Seiten des Rheins entwickelt hat. An wirklich jedes Alter wurde dabei gedacht: Ein Wasserband mit Spielfloß und Hüpfpollern lädt vor allem an heißen Sommertagen Kinder zum Toben und Plantschen ein. Etwas ältere können an überdimensionierten Tischen und Stühlen ihre Kletterkünste beweisen. Coole Teenager dagegen treffen sich auf der benachbarten Skater-Bahn oder spielen eine Runde Beachvolleyball, während das gesetztere Alter in Tret- und Ruderbooten eine Runde auf dem Altrhein dreht.

☞ Mit seiner direkt am Altrhein beziehungsweise am Spielplatz gelegenen Terrasse lädt das Lokal Rheinschneck zu einer Pause mit großen und kleinen Gerichten ein.

DER PLATZ LIEGT DIREKT HINTER DEM KEHLER BAHNHOF UND IST DURCH
EINEN DURCHGANG MIT DER STADT VERBUNDEN.
EIN BELIEBTER KULTURTREFF IN DER KASERNE IST DER SALON VOLTAIRE.

CLUB VOLTAIRE IN KEHL E. V. /// HAFENSTRASSE 3 /// 77694 KEHL ///
0 78 53 / 99 82 88 /// WWW.VOLTAIRE-IN-KEHL.DE ///

Der Ort zählt eigentlich nicht zu meinen Lieblingsplätzen, jedenfalls noch nicht. Aber das Potenzial dazu hätte er, immerhin ist er der vielleicht geschichtsträchtigste Platz von Kehl. Und da dieser Band nicht nur in die Vergangenheit, sondern auch in die Zukunft blicken will, soll auch ihm hier eine Doppelseite gewidmet werden.

Im 17. Jahrhundert wurde hier nach Plänen des berühmten Militärarchitekten Sébastien Le Prestre de Vauban die Feste Kehl errichtet, Keimzelle der späteren Stadt. Erst waren darin französische, später deutsche Soldaten kaserniert. Im späten 18. Jahrhundert folgten wieder Franzosen: Mitarbeiter von Beaumarchais' Société littéraire. Nach der napoleonischen Ära wurde die Festung geschleift, doch ab 1880 entstand am gleichen Ort die heutige Kaserne. Bis zum Ersten Weltkrieg beherbergte sie deutsche Soldaten, dann französische, ab 1938 erneut deutsche und von 1945 bis 1991 wieder französische. 1998 kaufte die Stadt Kehl das Gelände auf und machte daraus einen grenzüberschreitenden Gewerbepark. Erstmals stand der aus drei Gebäuden bestehende Komplex damit Menschen von beiden Seiten des Rheins offen.

Womit wir im Europa des 21. Jahrhunderts angekommen wären. Seit 2002 ist im einstigen Stabsgebäude das deutsch-französische Zentrum von Polizei und Zoll untergebracht, während im benachbarten Mannschaftsgebäude 2014 der Kulturtreff Salon Voltaire eingeweiht wurde. Auf dem Platz davor, wo einst Soldaten exerzierten, dreht sich heute eine blumenartige Installation aus Metall und buntem Plexiglas im Wind. Die liegende Skulptur daneben lässt an verschlungene Pflanzenranken denken. In beiden Fällen ließ sich die Künstlerin Ilse Teipelke, deren Atelier sich ebenfalls hier befindet, von islamischer Kunst inspirieren und gab den Objekten einen dazu passenden Namen: ARABesken.

🛈 Neben der Kaserne wurde 2012 eine Moschee eröffnet, deren Kronleuchter die 99 Namen Gottes schmücken. Eine Besichtigung ist auf Anfrage möglich.

SEIT 2003 MARKIERT DIE GRANITSKULPTUR »TRANSVERSAL« VON
JOCHEN KITZBIHLER DEN UNGEFÄHREN ORT AM KEHLER BAHNHOF, WO
SICH EINST DIE FRANZÖSISCHE ZITADELLE UND BAUMARCHAIS'
DRUCKEREI BEFAND.

HANAUER MUSEUM /// FRIEDHOFSTRASSE 5 /// 77694 KEHL ///
0 78 51 / 7 87 83 /// WWW.KEHL.DE/STADT/BILDUNG/MUSEEN.PHP ///

Uhrmacher und Harfenspieler, Waffenhändler und Diplomat, Liebhaber und Dichter: Pierre Augustin Caron de Beaumarchais war eine schillernde Figur des 18. Jahrhunderts. Die Jahre vor der Französischen Revolution waren für ihn die erfolgreichsten, seine Stücke *Der Barbier von Sevilla* und *Die Hochzeit des Figaro* machten ihn unsterblich dank der Opernfassungen von Rossini und Mozart. Doch was hat der Pariser Großstädter mit der Kleinstadt Kehl zu tun?

Die Geschichte begann 1778 mit dem Tod zweier großer Philosophen, Voltaire und Rousseau. Beider Werke waren in Frankreich verboten, was Beaumarchais zu umgehen suchte, indem er 1779 eine Druckerei in Kehl gründete. Diese Société littéraire et typographique wurde in der alten französischen Zitadelle aus dem 17. Jahrhundert untergebracht, die damals leer stand. Statt Soldaten zogen Grafiker, Korrektoren, Buchbinder und Philologen mit ihren Familien ein, alles in allem fast 200 Menschen. Die Buchlettern kaufte Beaumarchais in England, das Papier lieferten zwei von ihm erworbene Fabriken in Lothringen und Holland. Am Ende umfasste die Rousseau-Ausgabe 32 und die Voltaire-Ausgabe sogar 92 Bände.

Nun begann eine der frechsten Schmuggelaktionen der Literaturgeschichte: In Ballen verpackt, wurden die Bücher nach und nach über den Rhein gebracht. Allein 1786 verzeichneten die Grenzer 45 Tonnen Papier, die in nur sechs Wochen die Brücke passierten. Doch da die Ladung als Transitgut deklariert war, durfte sie nicht geöffnet werden. Wirtschaftlich gesehen war das Unternehmen dennoch ein Flop: Obwohl Beaumarchais per Katalog für Voltaires Werke warb, interessierten sich dafür gerade mal 2.000 Subskribenten. Als sein Haus 1792 von Revolutionären gestürmt wurde, fanden sie den ganzen Keller voller unverkaufter Exemplare. Bis heute tauchen einzelne Bände auf Flohmärkten auf.

✍ Informationen hierzu sowie zu anderen Themen der Stadtgeschichte finden sich im Hanauer Museum von Kehl.

SCHROTT, STAHL UND KUNST
Badische Stahlwerke (Kehl-Hafen)

1892 wurde der Straßburger Hafen eröffnet, acht Jahre später folgte sein Kehler Pendant. Unter den deutschen Binnenhäfen nimmt er heute den siebten Platz ein. 4.300 Menschen sind hier beschäftigt, allein ein Drittel bei den Badischen Stahlwerken (BSW) oder deren Tochterunternehmen. Der 1955 in Kehl gegründete Großbetrieb verarbeitet in nur vier Stunden per Schiff oder Bahn angelieferten Schrott zu Betonstahl oder Walzdraht und deckt damit fünf Prozent der gesamten deutschen Stahlproduktion ab. Zur Zeit wird die Anlage erweitert, der Anteil wird also noch einmal deutlich steigen.

Wer diese beeindruckenden Zahlen hört, erwartet vor Ort ein feuriges und dampfendes Monstrum. Doch vom Kinzig-Damm aus betrachtet, sieht die Anlage eher wie eine bunte Spielzeugkiste aus: Farbige Quadrate, Dreiecke und Linien bedecken sämtliche Fronten, selbst um die Schornsteine schrauben sich bunte Diagonalen wie Luftschlangen in die Höhe. Schöpfer dieses Kunstwerks ist Friedrich Geiler aus Kehl, dessen konkret-konstruktiver Ansatz gut zu der funktionalen Industriearchitektur passt. Außerdem verweist die künstlerische Verpackung auf einen im Inneren verborgenen Schatz.

Als 1990 ein neuer Verwaltungsbau eingeweiht wurde, wollte der langjährige BSW-Chef Horst Weitzmann die Büros nicht mit den üblichen Gummibäumen und Wandkalendern dekorieren, sondern mit regionaler Kunst der Gegenwart. Aus einer ersten Ausstellung erwuchs nach und nach eine eindrucksvolle Sammlung, die etwa 400 Werke von über 150 Künstlern umfasst. Die meisten stammen aus dem mittelbadischen Raum, aber auch süd- und nordbadische sowie etliche Elsässer sind darunter. Auch weltberühmte Namen wie Tomi Ungerer fehlen nicht, doch der Schwerpunkt liegt auf der Förderung junger Talente.

✂ Auf Anfrage sind Besichtigungen des Stahlwerks (gratis) oder der über mehrere Gebäude verteilten Kunstsammlung möglich (kostenpflichtig).

AM RHEINSEITENGRABEN ENTLANG FÜHRT EINE STRASSE VOM KEHLER HAFEN RICHTUNG RHEINAU. HINTER AUENHEIM RECHTS RICHTUNG KLÄRWERK KEHL ABBIEGEN.

KLEINER URLAUB FÜR ZWISCHENDURCH
Baggerseen (Kehl-Auenheim)

»'s Müenschter het's Meer noch nie gsehn« – die melancholischen Worte des elsässischen Liedermachers René Egles benennen die vielleicht einzige Sache, die den Städten Straßburg und Kehl zur letzten Vollkommenheit fehlt: das Meer. Dabei wären alle Zutaten eigentlich vorhanden: meist schönes Wetter, jede Menge Wasser, zwei große Häfen und sogar je ein innerstädtischer, wenn auch künstlicher Sandstrand mit Klappstühlen, Sonnenöl und Beach-Bar. Während der Sommermonate kommt dadurch vor der Straßburger Mediathek beziehungsweise hinter dem Kehler Bahnhof echtes Ibiza-Gefühl auf. Braucht man da noch das echte Meer?

Eigentlich nein, zumal es beiderseits des Rheins zahlreiche Teiche und Seen gibt, die zu einem Sprung ins kühle und meist auch klare Nass einladen. Es sind ehemalige Baggerlöcher oder Altrhein-Arme, die heute Tieren als Rückzugsraum und Menschen als Freizeitoase dienen, meist ohne Konflikte zwischen beiden Seiten. Auf Straßburger Seite findet man sie etwa bei Illkirch, vor Brumath und in den Robertsauer Rheinauen. Wer es dagegen ruhiger und beschaulicher mag, dem sei eher die deutsche Seite empfohlen.

Meine liebsten Badestellen liegen im Rheinauen-Wald, auf halber Strecke zwischen den Kehler Ortsteilen Auenheim und Leutesheim. Hier, elf Meter unter dem heutigen Rheinspiegel, befinden sich mehrere Baggerseen, die ein Flüsschen namens Groschenwasser speist und deren Ufer viele Nischen bieten: für Menschen mit und ohne Hund, mit und ohne Angel, mit und ohne Badehose. Vielleicht liegt es an dem wenig einladenden Hinweisschild »Kläranlage Kehl«, dass sie nicht so überlaufen sind wie manch andere. Dabei ist von dieser im Grunde sehr nützlichen Einrichtung vor Ort weder etwas zu sehen noch zu riechen. Und sollte das Wetter einmal zu kalt für den See sein, bleibt immer noch das beheizte Freibad von Auenheim.

   Im Nachbarort Rheinau-Freistett betreibt das Ehepaar Schütt in einem alten Bauernhaus den Ku-Stall: mit Kleinkunst-Bühne, Galerie und Restaurant.

DIE STIER-SKULPTUR VON KLAUS RINGWALD ZIERT DEN KORKER BÜHL. VON DORT SIND ES NUR 500 METER ÜBER DIE ZIRKEL- ZUR OBERDORFSTRASSE INS HANDWERKSMUSEUM.

HANDWERKSMUSEUM KEHL-KORK /// OBERDORFSTRASSE 8 ///
77694 KEHL-KORK /// 0 78 51 / 18 29 ///
WWW.HANDWERKSMUSEUM-KEHL-KORK.DE ///

Ein blinder Stier läuft übers Feld, sein Weg markiert die künftige Grenze des Korker Waldes. Am Ende stößt er sich selbst ein Horn ins Herz und stirbt … Diese mittelalterliche Ortssage lässt an das Lamm Gottes oder den spätantiken Stier- und Mithraskult denken. Offensichtlich stehen wir im Kehler Ortsteil Kork auf sehr altem Kulturboden. Sein Herzstück ist der Korker Bühl, einst eine germanisch-keltische Gerichtsstätte. Seit 2009 schmückt ihn das lebensgroße Denkmal eines Stiers aus Bronze, den der international bekannte Künstler Klaus Ringwald geschaffen hat. Wunderschöne Fachwerkhäuser aus dem 18. Jahrhundert rahmen den Ort ein.

Es war die Blütezeit von Kork, das nach dem Dreißigjährigen Krieg rechtsrheinischer Amtssitz der Grafschaft Hanau-Lichtenberg wurde. Hauptstadt des Kleinstaats war Buchsweiler im Elsass. Wie eng die Beziehungen über den Rhein damals waren, zeigt die Ortskirche am nördlichen Ende des Platzes (1732). Fast alles an ihr stammt aus dem Elsass: die Steine und die Nägel, das Dach und die Glocken, der Turmhahn und das vier Meter hohe Turmkreuz. Im Inneren überrascht der ansonsten protestantisch-nüchterne Bau mit einer eleganten Stuckdecke, einer prachtvollen Rokoko-Orgel und einer Kanzel aus der gleichen Zeit.

Unter Napoléon verlor Kork seine Verwaltungsfunktion und fiel in einen Dornröschenschlaf. Das schlossartige Amtshaus (1731) beherbergte in der Folgezeit ein Gericht, eine Trikotagen-Fabrik, eine Heilanstalt, einen reichen Geschäftsmann, ein Seniorenheim und heute ein Epilepsie-Zentrum. Etwa 6.000 Patienten werden unter dem Dach der Diakonie hier und in den Nachbargebäuden betreut. In der Alten Landschreiberei, dem ältesten Fachwerkbau des Ortes (1716), betreibt das Zentrum ein integratives Café mit Gartenwirtschaft, wo man in angenehmem Rahmen gut und günstig essen kann.

In der einstigen Brauerei Hirt befinden sich ein Handwerks- und ein Epilepsiemuseum. Beide haben Sonntag Nachmittag geöffnet, der Eintritt ist frei.

GALERIE AUF DEM LAND /// LEGELSHURSTER STRASSE 10 ///
77694 KEHL-ODELSHOFEN /// 0 78 52 / 25 35 ///
WWW.GALAND.DE ///

KUNSTVOLLER GARTEN
GaLand (Kehl-Odelshofen)

Fröhlich plätschert der Plauelbach durch das alte Ried-Dorf Odels-
hofen, vorbei an romantischen Fachwerkhäusern, blumenreichen
Bauerngärten und alten Tabakscheunen. Unvermittelt tauchen dazwischen bunte Skulpturen aus Holz, Stein und Plexiglas auf, skur-
rile Mischwesen, halb Fisch, halb Vogel. »GaLand – Galerie auf dem
Land«, ist am Eingang zu lesen. Das Anwesen, ein alter Bauernhof,
gehört dem Ehepaar Schoelch, das an diesem Ort, tief in der badischen Provinz und doch nur wenige Autominuten von der Europastadt Straßburg entfernt, ein privates Kulturzentrum von überregio-
naler Bedeutung geschaffen hat.

   Alles fing an mit einem Besuch der Straßenausstellung Straßburger Kunststudenten im Jahr 2000: »Da waren viele Künstler, die hatten keinen Ausstellungsplatz. Wir hatten Platz, aber keine Künstler«,
erinnert sich Peter Schoelch, der nicht nur Lehrer und Kunstliebha-
ber, sondern auch Hobbykoch ist. Vor den Veranstaltungen in dem
von der Tabak- zur Kulturscheune umgebauten Wirtschaftsgebäude
steht er daher selbst in der Küche und zaubert ein leckeres, auf das je-
weilige Thema abgestimmtes Menü. Seine Frau Ulrike kümmert sich
um die ebenso liebevollen wie originellen Dekorationen und sorgt
dafür, dass alle Gäste miteinander ins Gespräch kommen. Unter ihnen sind Einheimische und Auswärtige, Städter und Dörfler, Deutsche und Franzosen, denn Grenzüberschreitungen aller Art liegen
den Schoelchs am Herzen.

   Dies belegt auch das kleine, aber feine Programm, das Kunst-
ausstellungen und Lesungen, Vorträge und Theateraufführungen umfasst. Unter den geladenen Künstlern und Schriftstellern finden sich
viele Nachwuchstalente, aber auch international bekannte Namen.
Wichtiger als deren Ruhm ist dem Ehepaar allerdings, dass es mensch-
lich stimmt, denn: »Herz und Bauch müssen dabei sein.«

   ☞   Freunde des Dichters Johann Peter Hebel benannten 1810 eine
       im Fischweiher von Odelshofen gelegene Insel nach ihm. Der
       so Geehrte bedankte sich mit einem Gedicht.

IDYLLE AM RHEINAUENWEG BEI MARLEN

IM BADISCHEN DSCHUNGEL

Marlener Rheinauen (Kehl-Marlen)

Der flüchtige Besucher wird die versteckten Reize dieser ehemaligen Fischerdörfer nicht erkennen, wenn er die südlichen Ortsteile Kehls nur auf der Bundesstraße 36 durchfährt. Erst in den Nebenstraßen wird ihr Charme spürbar, dem auch einige Künstler erlegen sind, die heute hier wohnen. Der Rhein, der die Menschen einst ernährte, liegt seit seiner Begradigung im 19. Jahrhundert freilich ein gutes Stück von den Siedlungen entfernt. Doch einige Altrheinarme blieben erhalten und vermitteln Wanderern und Spaziergängern bis heute einen Eindruck von der früheren Auenlandschaft. Ein besonders schönes Stück findet sich bei Marlen.

Von der Hauptstraße aus führt die Schlossergasse westwärts zum Hochwasserdeich. Dahinter befindet sich ein Parkplatz, von dem es nur noch wenige Schritte bis zum Rhein sind. Ein Rundweg führt von dort in südlicher Richtung am Ufer entlang, dann geht es nach links durch einen lichten Auenwald, vorbei an verschiedenen Streuobstwiesen und Altrhein-Armen. Schließlich stößt man wieder auf den Hochwasserdamm, auf dem man gemütlich zurück zum Parkplatz schlendern kann.

Die Landschaft dort ist herrlich und zu jeder Jahreszeit reich an Farben, Geräuschen und Gerüchen: Am Rhein säumen Silber- und Schwarzpappeln den Weg, am Altrhein, der hier noch ein fließendes Gewässer ist, fühlen sich viele Weidenarten wohl. In den alten Streuobstwiesen, die nur einmal pro Jahr gemäht werden, wachsen seltene Pflanzenarten, im Röhricht nisten zahlreiche Wasservögel. Selbst im Winter sieht man Enten, Graureiher und Schwäne. Im Geäst der Bäume wuchern die Misteln, zur Freude aller, die diese als Weihnachtsschmuck nutzen. Aber Vorsicht beim Pflücken: Seit 1993 steht ein Teil des Gebiets unter Naturschutz.

🖋 Eine kürzere Alternative ist der drei Kilometer lange, mit Schautafeln bestückte Naturerlebnispfad Rheinauenwald, der im Kehler Zwei-Ufer-Garten startet.

AM RATHAUS VON KEHL-GOLDSCHEUER ZWEIGT VON DER B 36
DIE MERKURSTRASSE AB, DIE DIREKT ZUR KIRCHE FÜHRT.

MARIA, HILFE DER CHRISTEN /// ECKE MERKURSTRASSE / PFARRWEG ///
77694 KEHL-GOLDSCHEUER /// 0 78 51 / 89 96 90 ///
WWW.SEELSORGEEINHEITKEHL.WORDPRESSS.COM ///

PFARRAMT ST. ARBOGAST /// KIRCHSTRASSE 16 ///
77694 KEHL-MARLEN /// 0 78 54 / 8 29 ///

»Voll cool hier«, notierten Sandro, David und Sven ins Gästebuch der katholischen Kirche von Kehl-Goldscheuer. Dabei wirkt der Betonbau aus dem Jahr 1964 äußerlich wenig einladend. Kein Wunder, dass sich zu den Gottesdiensten kaum Gläubige einfanden. Doch als die Schließung der Kirche bereits beschlossen war, regte sich plötzlich Widerstand. Dank zahlreicher Spenden aus der Gemeinde gelang es dem Pfarrgemeinderat nebst zuständigem Pfarrer, nicht nur das Gebäude vor dem drohenden Abriss zu retten, sondern daraus auch noch eine Sehenswürdigkeit zu machen, die seit 2013 kunstinteressierte Besucher aus dem In- und Ausland in Staunen versetzt.

Die wunderbare Wandlung ist dem Offenburger Graffiti-Künstler Thomas Strumbel zu verdanken, der den Innenraum völlig neu gestaltete. Seine künstlerische Karriere hatte er einst mit dem Besprühen von Wänden und Zügen begonnen, nichts wies ihn auf den ersten Blick als Fachmann für Kirchen aus. Allerdings beschäftigte er sich seit geraumer Zeit mit dem Thema Heimat, was ja irgendwie auch eine Glaubenssache ist. Und so kam es zu einer ebenso ungewöhnlichen wie fruchtbaren Zusammenarbeit.

Beim Betreten der Kirche fällt der Blick zunächst auf ein Kruzifix, das von einem pinkfarbenen Strahlenkranz und einem farblich wechselnden LED-Band umgeben ist. Eine Lichtspur führt über das Dach auf die gegenüberliegende Seite zu einer überlebensgroßen Madonna, die Strumbel mit Lackfarbe aufgesprüht hat. Der türkis- und rosafarbige Hintergrund wirkt recht poppig, Marias Kleidung dagegen eher rustikal: Auf ihrem Kopf trägt sie nämlich eine große, schwarze Maschenkappe, wie sie im Elsass und im Hanauerland früher üblich war. Damit wird die Himmelskönigin zu einer einfachen Frau aus dem Volk. Strumbel freilich hatte ihr ursprünglich einen Schwarzwälder Bollenhut aufsetzen wollen …

🖋 Als Wahrzeichen des Ortes gilt der Goldwäscher-Brunnen neben dem Rathaus. Er zeigt Menschen bei jener Tätigkeit, die dem Ort den Namen gab.

LANDGASTHOF ALTE MÜHLE /// DORFSTRASSE 58 ///
77694 KEHL-KITTERSBURG /// 0 78 54 / 12 55 ///
WWW.ALTE-MUEHLE-KITTERSBURG.DE ///

STÖRCHE UND RADLER WILLKOMMEN!

Alte Mühle (Kehl-Kittersburg)

Satt und zufrieden stolziert Meister Adebar über eine Wiese, und er ist nicht allein: Sein Tisch ist so reich gedeckt, dass sich auch Fischreiher und andere Vogelarten eingefunden haben. Regelmäßig werden hier 30 Hektar Grünflächen über ein ausgefeiltes Grabensystem geflutet, was diverse Kleinlebewesen an die Erdoberfläche treibt. Die Bewässerungsanlage, die über die nahe gelegene Schutter gespeist wird, stammt noch aus dem 19. Jahrhundert und wurde seit 2009 sukzessive saniert und wiederbelebt.

Das Areal gehört der Stadt Kehl und liegt bei der Mühle von Kittersburg. Das Dorf entstand im 11. Jahrhundert, die am Ortsrand gelegene Mühle wird auf das Jahr 1767 datiert. Sie war eine von vielen in der Region, die meisten sind heute verschwunden. Leider fiel auch die Kittersburger Mühle 1928 einem Brand zum Opfer, wurde aber 1938 als Jagdsitz des Fürsten von Fürstenberg neu errichtet. Das alte Mühlenwehr ist auf der Rückseite des Neubaus noch zu sehen, während das Gebäude selbst eine neue Bestimmung gefunden hat: Es beherbergt einen wegen seiner idyllischen Lage besonders bei Wanderern und Radfahrern beliebten Landgasthof.

Chefin und Seele des Hauses ist Gerda Hoffmann, der die Mühle seit den 80er-Jahren »Zuhause und Leidenschaft« zugleich ist. Unterstützt von ihrem Team und beschützt von ihrem Hund Robby, bietet sie täglich von 12 bis 23 Uhr regionale Gerichte an. Ihre Spezialität sind hausgemachte Rahmkuchen, die badische Variante der Elsässer Flammkuchen. Besonders lecker finde ich die Variante mit Äpfeln, Zucker und Zimt, die mit Calvados flambiert wird. An warmen Tagen steht den Gästen ein herrlicher Biergarten zur Verfügung. Abends und an Feiertagen werden immer wieder Livemusik und andere Events angeboten.

🐌 Südlich von Kittersburg blieben vier Mühlen erhalten. Ein 34 Kilometer langer Mühlenradweg erschließt das Gebiet (Fahrzeit mit Pausen: drei bis vier Stunden).

DAS FRANZÖSISCHE UND DEUTSCHE UMLAND

EINE GRENZÜBERSCHREITENDE RUNDREISE

ŒUVRES
MAJEURES
DE LA COLLECTION
WÜRTH

MUSÉE WÜRTH /// RUE GEORGES BESSE /// 67150 ERSTEIN ///
00 33 / 3 88 / 64 74 84 /// WWW.MUSEE-WURTH.FR ///

Was haben Schrauben und Kunst gemeinsam? Beide wirken verbindend. Dies scheint auch die Lebensaufgabe von Reinhold Würth zu sein, der als Lehrling in der Schrauben-Großhandlung seines Vaters anfing und zu einem wichtigen Unternehmer und Kunstsammler der Gegenwart aufstieg. Beide Leidenschaften führten ihn nach Frankreich.

1967 wurde die Gesellschaft Würth France gegründet, die sich in Erstein niederließ, einem Städtchen südlich von Straßburg. Heute zählt das Unternehmen zu den größten Arbeitgebern vor Ort. Gegenüber dem an ein gläsernes Schiff erinnernden Firmensitz wurde 2008, aus streng geometrisch gegliedertem Sichtbeton und als bewusster Kontrast, das Würth-Museum errichtet. In wechselnden Ausstellungen werden hier Objekte aus Würths 13.000 Werke umfassender Sammlung moderner und zeitgenössischer Kunst gezeigt. Ein weitläufiger und preisgekrönter Park umgibt das Gelände. Trotz der eher unattraktiven Lage auf dem flachen Land, mitten in einem Gewerbepark und unweit der Autobahn, gelang es in kurzer Zeit, sich grenzüberschreitend einen Namen zu machen. Keine Frage: Hier waren keine Anfänger am Werk.

Tatsächlich war das Würth-Museum in Erstein bereits das dreizehnte seiner Art, allerdings das erste in Frankreich und das größte außerhalb Deutschlands. Seit seiner Eröffnung bietet es zwei bis drei Ausstellungen pro Jahr, der Eintritt ist human, Führungen meist kostenlos. Doch das Museum will mehr sein: Ein Ort der lebendigen Begegnung mit Kunst und Künstlern. Fester Bestandteil des Programms sind daher auch Vorträge und Lesungen, Konzerte und Theateraufführungen, Workshops und Angebote für Jugendliche und Kinder. Dass sich die Veranstaltungen sowohl an Deutsche als auch an Franzosen richten und daher auch in beiden Sprachen angeboten werden, versteht sich fast von selbst.

✐ 1893 gründete der Baron Hugo Zorn von Bulach in Erstein eine Zuckerrübenfabrik, die heute zu den größten Frankreichs gehört. Besichtigungen sind möglich.

OMNES VULNERANT
ULTIMA NECAT

1707

MALEN MIT HOLZ
Marqueterie d'Art Spindler (Saint-Léonard)

(52)

In vielen Gaststätten des Elsass sieht man einen »Spindler« hängen, die meisten freilich sind nicht echt. Diese inoffizielle Marke steht für Intarsien-Arbeiten, die nicht nur dekorative Elemente, sondern ganze Landschaften und detailgenaue Alltagsszenen darstellen. Begründet hat diesen Stil der Maler, Schriftsteller und Kunstschreiner Charles Spindler um 1900 in seinem Atelier von Saint-Léonard.

Der Weiler gleichen Namens geht auf eine mittelalterliche Benediktinerabtei zurück, die mit der Französischen Revolution aufgelöst wurde. Am Ort des einstigen Kapitelsaals und teilweise aus dessen Bausteinen wurde später ein Bauernhof errichtet, den Charles Spindler 1890 kaufte. Beeinflusst von elsässischer Volkskunst und französischem Jugendstil schuf er hier faszinierende Wandbilder aus Holz, aber auch diverses Mobiliar. Außerdem machte er sein Haus zum Treffpunkt deutscher, französischer und elsässischer Künstler und Schriftsteller, die sich für eine grenzüberschreitende Verständigung stark machten und als Cercle de Saint-Léonard in die Geschichte eingingen.

Heute wird die Kunstschreinerei Spindler in dritter Generation betrieben. Nach Charles Spindlers Sohn Paul arbeitet nun sein Enkel Jean-Charles in dem historischen Atelier. Sein Stil ist freilich vielfältiger als der des Großvaters: Neben traditionellen Alsatica findet sich auch Zeitgenössisches, selbst abstrakte Kompositionen sind darunter. Längst ist auch er international bekannt, seine Werke schmücken öffentliche Räume und Museen in Frankreich und England, Mexiko und den USA. Sein romantisches Atelier- und Wohnhaus ist dennoch kein verschlossener Ort: Von Montag bis Samstag können in dem kleinen Verkaufsladen ganztägig seine jüngsten Kreationen besichtigt und natürlich auch gekauft werden. Auf Anfrage bietet der Künstler auch Werkstattführungen an.

☞ Saint-Léonard gehört zu dem mittelalterlichen Weinstädtchen Boersch, das bis heute vom Massentourismus verschont blieb und einen Besuch lohnt.

EGLISE SAINT-PIERRE-ET-SAINT-PAUL /// **RUE DU GÉNÉRAL DE GAULLE** ///
67560 ROSHEIM /// **WWW.ROSHEIM.COM** ///

ROMANISCHES MULTIKULTI
Saint-Pierre et Saint-Paul (Rosheim)

Das Mittelalter boomt, auch am Oberrhein. Künstliche Kulissen braucht man hier allerdings keine, es gibt genug Originale: Kaum ein Vogesengipfel ohne Bergruine, kaum ein Dorf ohne gotische oder romanische Kirche. Letztere wurden im Elsass 1993 zu einer Route Romane zusammengefasst, die von der Pfälzer Grenze im Norden bis zur Schweizer Grenze im Süden reicht und 19 der insgesamt 120 romanischen Stätten des Elsass umfasst. Einige sind nur wenige Kilometer von Straßburg entfernt.

Zum Beispiel Rosheim: Wie schon im Mittelalter betritt man das am Fuße der Vogesen gelegene Städtchen durch eines der drei erhaltenen Stadttore. Die alte Hauptstraße ist reich an historischen Häusern, darunter das wohl älteste des Elsass, die Maison païenne aus dem Jahr 1154. Schmuckstück des Orts ist freilich die etwa zur gleichen Zeit entstandene Peter-und-Pauls-Kirche. Die Steinmetze, die vor beinahe 1000 Jahren dieses Meisterwerk der Romanik schufen, müssen hochgebildet und weitgereist gewesen sein, selbst Einflüsse aus Italien sind erkennbar.

Besonders faszinieren mich die plastischen Arbeiten, in denen sich christliche und heidnische Motive fröhlich verbinden. Offensichtlich wurde dies nicht als Widerspruch, sondern als bereicherndes Miteinander empfunden. Auch eine dritte Religion ist präsent: die jüdische. In lässiger Haltung sitzt auf dem Kirchendach ein bärtiger Mann mit einem Judenhut auf dem Kopf, im Mittelalter Teil der aschkenasischen Tracht. In der rechten Hand trägt er eine Geldbörse, Hinweis auf den Beruf des Geldwechslers, der Christen damals verboten war. Tatsächlich gab es in Rosheim eine bedeutende jüdische Gemeinde, der Rabbiner und Rechtsgelehrte Josel von Rosheim zählte zu den bekanntesten Persönlichkeiten Europas. Oft wird die Skulptur als anti-jüdisches Spottbild gedeutet, für mich ist sie eher Ausdruck des damaligen Miteinanders der Kulturen

> Wenige Kilometer nördlich von Rosheim finden sich in Avolsheim zwei weitere Bauwerke der Romanik: die Kirche Dompeter und die Kapelle Sankt Ulrich.

Das Wappen von Molsheim zeigt den für seinen Glauben aufs Rad geflochtenen heiligen Georg, ein passendes Emblem. Denn erstens war die elsässische Kleinstadt seit dem 16. Jahrhundert ein Bollwerk des Katholizismus. Die Kartäuser gründeten hier ein Kloster, die Jesuiten eine Universität. Und zweitens sollten Räder für die Stadt noch sehr wichtig werden, allerdings anders als für den armen Georg.

1909 richtete der damals 28-jährige Ettore Bugatti in einer leer stehenden Molsheimer Färberei seine erste eigene Automobilfabrik ein. In den Jahren zuvor hatte er bereits für die elsässischen Großindustriellen Eugène de Dietrich in Niederbronn und Emil Mathis in Illkirch gearbeitet und mit seinen Modellen mehrere internationale Rennen bestritten. Doch sein Mailänder Dickschädel sorgte stets für ein baldiges Ende der Zusammenarbeit. So blieb am Ende nur die Selbstständigkeit, ein Glücksfall für Molsheim: In den Jahren vor dem Ersten Weltkrieg produzierten hier etwa 200 Mitarbeiter ein Erfolgsmodell nach dem anderen, jeden Monat verließen bis zu 75 handgefertigte Fahrzeuge das Werk. Auch nach dem Krieg produzierte »der Boss« in Molsheim noch zahlreiche, mittlerweile legendär gewordene Renn- und Luxuswagen. Alle zeichneten sich durch große Geschwindigkeit, schlichte Eleganz und einen hohen Preis aus.

Nach Bugattis Tod 1947 fiel das Werk nach und nach in einen Dornröschenschlaf, bis es ein halbes Jahrhundert später von einem deutschen Prinzen namens Ferdinand Piëch wieder wachgeküsst wurde. 1998 kaufte er in seiner Funktion als Vorstandsvorsitzender der Volkswagen AG die Marke auf und ließ einige Jahre später die Produktion an historischer Stätte wieder anlaufen. In der ehemaligen Bugatti-Villa befindet sich heute ein VW-Ausbildungszentrum, das Schloss Saint-Jean dient, wie zu Bugattis Zeiten, als Präsentationsraum.

✍   Das Musée de la chartreuse in Molsheim informiert über Bugattis Leben, die Cité de l'automobile in Mulhouse zeigt die größte Bugatti-Sammlung der Welt.

DIE TOUR KANN IN STRASSBURG ODER MOLSHEIM STARTEN, DIE FAHRZEIT HIN UND ZURÜCK BETRÄGT ETWA VIER STUNDEN (OHNE PAUSEN). FAHRRÄDER GIBT ES AM BAHNHOF, DER UNIVERSITÄT UND DIREKT IM ZENTRUM.

VÉLHOP (CENTRE) /// 3 RUE D'OR /// 67000 STRASBOURG /// 00 33 / 9 65 / 27 97 25 /// WWW.VELHOP.STRASBOURG.EU/DE/ ///

Vom 17. bis zum 19. Jahrhundert waren Kanäle in Frankreich wichtige Transportwege. In Straßburg treffen sogar mehrere Wasserstraßen zusammen: Der Rhein-Marne-Kanal verbindet die Stadt mit dem Norden, der Rhein-Rhône-Kanal mit dem Süden des Landes. Älter als beide ist der 1682 nach Plänen Vaubans angelegte Canal de la Bruche. Der nach dem Flüsschen Breusch benannte und nur 20 Kilometer lange Kanal verband die im Jahr zuvor französisch gewordene Stadt mit ihrem westlichen Hinterland und ermöglichte es, Material für den Festungsbau heranzuschaffen. Noch bis 1938 diente der Kanal dem Transport ziviler Güter wie Holz, Wein und Ziegeln. Dann wurden die Schleusen abgebaut und die Anlage verfiel.

Was übrig blieb, erkundet man am besten per Fahrrad. Die Strecke ist Teil eines europäischen Radwanderwegs, der von Offenburg über Straßburg bis nach Molsheim führt. Möglicher Startpunkt in Straßburg ist das Museum für moderne und zeitgenössische Kunst. Von dort führt die Route an der Ill entlang durch den Stadtteil Montagne Verte, wo Johannes Gutenberg seine ersten Druckerzeugnisse herstellte und wo der Canal de la Bruche in die Ill mündet. Ihm folgen wir flussaufwärts Richtung Wolfisheim. Für geschichtlich Interessierte bietet sich ein Abstecher zum Fort Kléber an, das 1870 als Feste Bismarck errichtet worden war. Statt Soldaten findet man hier nun einen Trimm-dich-Pfad und einen Mini-Bauernhof, im Juni locken ein Flohmarkt und ein Jazz-Festival.

Doch vor allem die schöne Natur macht den Weg bis Molsheim so reizvoll: Immer dem Wasser folgend, führt der Weg an ehemaligen Schleusen und idyllischen Schleuser-Häuschen vorbei durch Felder, Wälder und kleine Dörfer. Je nach Jahreszeit begegnen wir dabei mehr Enten, Störchen und Reihern als Menschen. Mit etwas Glück sieht man auch Biber und vielleicht sogar einen Eisvogel.

🖉   Unter dem Namen Vélhop können gegen eine geringe Gebühr an verschiedenen Orten der Stadt Fahrräder gemietet werden: stunden-, tage- oder wochenweise.

Fontaine Jean-Paul SARTRE
Prix Nobel de
littérature (refusé)
Goxwiller 1964

IN GOXWILLER ERINNERT IM EHEMALIGEN WOHNHAUS VON HÉLÈNE DE
BEAUVOIR DIESER GEDENKSTEIN AN DEN ORT, WO SARTRE 1964 DEN
LITERATUR-NOBELPREIS ABLEHNTE (ERRICHTET 2010 VON DR. MARTIN UND
MARGARETE MURFELD) .IN PFAFFENHOFFEN MARKIERT EINE GEDENKTAFEL
DAS HAUS SEINER TANTE CAROLINE, WO ER ALS KIND DIE FERIEN
VERBRACHTE.

COUR HÉLÈNE DE BEAUVOIR /// 67210 GOXWILLER ///
WWW.BEAUVOIR.EU ///

DER WETTERSOLDAT
Jean-Paul Sartre im Elsass

»Im Elsass …« So beginnt Sartres Autobiografie. Tatsächlich hat er elsässische Wurzeln und verbrachte hier entscheidende Monate seines Lebens: als Knabe vor dem Ersten Weltkrieg, als Romancier und Soldat im Kriegsjahr 1939/40 und als weltberühmter Denker und diskreter Besucher in der Nachkriegszeit. Außerdem spielt das Elsass eine wichtige Rolle in seinem Werk.

Sartres Mutter war eine geborene Schweitzer, Albert Schweitzer ihr Onkel. Nach dem frühen Tod des Vaters wurde Sartre von seinem elsässischen Großvater erzogen, einem Deutschlehrer. Die Sommer verbrachte er meist bei seiner Tante Caroline im elsässischen Pfaffenhoffen. Hier schrieb er seine ersten Texte, erlebte seine ersten Liebesabenteuer und sah zum ersten Mal deutsche Soldaten. 1939/40 kehrte er als Obergefreiter ins Elsass zurück. Seine vergleichsweise friedliche Aufgabe bestand darin, mit Gas gefüllte Ballons steigen zu lassen, die Flugrichtung zu beobachten und seinem Vorgesetzten darüber Meldung zu machen. Stationiert war er in Marmoutier, Brumath und Morsbronn-les-Bains. Sein weiterer Weg führte über Haguenau nach Lothringen, wo er in deutsche Kriegsgefangenschaft geriet.

Noch während des Krieges veröffentlichte Sartre die Erzählung *Der Pfahl im Fleische,* in der er seine Kriegserlebnisse im Elsass thematisierte, die philosophische Abhandlung *Das Sein und das Nichts* und den Roman *Zeit der Reife,* beide teilweise im Elsass entstanden. In den 50er-Jahren arbeitete er an seiner Autobiografie *Die Wörter,* in der er auch Kindheitserinnerungen an das Elsass thematisiert. In den 60er- und 70er-Jahren schließlich besuchte er mehrfach die Schwester seiner Lebensgefährtin, die Malerin Hélène de Beauvoir, in Goxwiller bei Straßburg.

☞ Nach Sartres Tod wurden sein Kriegstagebuch und seine Feldpostbriefe an Simone de Beauvoir veröffentlicht, die voller Bezüge zum Elsass sind.

ZUR DICKEN EICHE FÜHREN ZWEI SCHMALE STRASSEN:
DIE ROUTE FORESTIÈRE DE L´ERMITE UND DIE ROUTE DE SCHWABWILLER.

AUBERGE DU GROS CHÊNE /// ROUTE DE SCHWABWILLER ///
67500 HAGUENAU /// 00 33 / 3 88 / 73 15 30 ///

56

DÜRRER MÖNCH AUF DICKER EICHE
Gros chêne (Haguenau)

Das wird ein hartes Stück Arbeit, dürfte sich der heilige Arbogast gedacht haben, nachdem er Mitte des 6. Jahrhunderts vom damaligen König der Franken beauftragt worden war, ausgerechnet die als besonders dickköpfig bekannten Alemannen zu christianisieren. Der Legende nach zog er sich erst einmal als Eremit in den Haguenauer Forst zurück, um Kräfte für diese große Aufgabe zu sammeln. Einige wollen sogar seinen genauen Aufenthaltsort kennen: eine mächtige Eiche am Ufer des Eberbachs, Gros chêne genannt.

Sowohl Arbogast als auch die Eiche hat es wirklich gegeben, auch wenn Historiker eine direkte Verbindung zwischen beiden bezweifeln. Jedenfalls starb Arbogast nach erfolgreicher Missionsarbeit als Bischof von Straßburg, vermutlich im Jahr 618. Die Eiche, vielleicht einst ein heidnisches Baumheiligtum, überlebte ihn um über 1000 Jahre und fiel erst 1913 einem Blitzschlag zum Opfer – ein böses Omen? Jedenfalls wollten die Menschen auch von dem Baum Reliquien aufbewahren, wie einst von Arbogast: Ein etwa sechs Meter langes Fragment des Stamms wurde daher mit Zement ausgegossen und wieder aufgerichtet. Nach dem Zweiten Weltkrieg kamen eine Kapelle, ein Spielplatz, ein Picknick-Areal und ein hübsches Ausflugslokal hinzu.

Woran auch immer man glauben mag: Die Dicke Eiche ist für Heiden wie Christen ein wunderschöner Platz zum Durchatmen oder Durchstarten, denn der Haguenauer Forst ist auch ein reizvolles Gebiet für Wanderer und Radfahrer. Mehrere gut beschilderte Pfade von unterschiedlicher Länge erschließen das von zahlreichen Wasserläufen durchzogene Gelände. Bei der Rast in der erwähnten Herberge gibt es nicht nur leckere Flammkuchen zum Essen, sondern auch eine Voliere mit allerhand buntem Federvieh zum Anschauen, kurz: Es ist ein idealer Ort für die ganze Familie.

🖋 Wegen seiner Hügelgräber aus heidnischer sowie einiger Klöster aus christlicher Zeit gilt der Wald seit jeher als heilig, die romanischen Kirchen von Surbourg und Walbourg zeugen noch davon.

FORT FRÈRE /// CHEMIN DES CÔTEAUX /// **67205 OBERHAUSBERGEN** ///
00 33 / 6 98 / 23 30 14 /// **WWW.FORT-FRERE.FR** ///

DIE VERGESSENE FESTUNG
Fort Frère (Oberhausbergen)

57

Unmittelbar nach dem Krieg von 1870/71, Straßburg lag teilweise noch in Trümmern, begannen die neuen deutschen Herren mit dem Bau eines gewaltigen Festungsgürtels rund um die Stadt. In einer Rekordzeit von nur fünf Jahren errichtete man 19 Festungen, drei davon auf heute deutscher Seite. Nach den Bestimmungen des Friedensvertrags von Versailles wurden letztere 1930 geschleift, während die linksrheinischen Forts teilweise noch bis in die 60er-Jahre als Kasernen oder Waffendepots dienten. Dann wurden auch sie nach und nach aufgegeben, von Wildnis überwuchert und ... vergessen.

Erst in den letzten Jahren hat sich dies geändert. Die Geschichte der Forts wurde aufgearbeitet und einer breiten Öffentlichkeit bekannt gemacht, die am besten erhaltenen Anlagen wurden von Bürgervereinen in jahrelanger Arbeit restauriert und für Besuchergruppen erschlossen. Mit am weitesten vorangeschritten sind die Arbeiten am Fort von Oberhausbergen und tatsächlich verdient es besondere Aufmerksamkeit.

Bereits 1872 fand hier der erste Spatenstich statt. Mit Raum für 900 Mann und 42 Geschütze war es nicht nur das mächtigste, sondern auch das Modell aller weiteren Forts. Nach dem Ersten Weltkrieg wechselte die Besatzung und der Name: Aus der Feste Großherzog von Baden wurde das Fort Maréchal Pétain. 1940 kehrten die Deutschen noch einmal zurück und gaben das Fort erst Ende 1944 wieder auf. Die siegreichen Franzosen benannten das Fort erneut um, diesmal nach dem 1944 im elsässischen KZ Struthof ermordeten General Aubert Frère. Nach langem Leerstand wurden die restaurierten Teile ab 2002 nach und nach auch für Besucher geöffnet. Außer im Winter finden jeden Sonntag Führungen statt. Daneben wird das Gelände auch für Kulturveranstaltungen genutzt.

✑ Ein 85 Kilometer langer, grenzüberschreitender Radweg verbindet sämtliche Forts miteinander, eine Karte dieser *Piste des Forts* ist gratis im Straßburger Verkehrsamt erhältlich.

1917 / 18 LEBTE ALFRED DÖBLIN MIT SEINER FAMILIE IN DER HAGUENAUER
SCHANZENSTRASSE 26 (HEUTE: 30 RUE DE LA REDOUTE).
HINTERGRUNDINFORMATIONEN ZUR HAGUENAUER GESCHICHTE
FINDEN SICH IM HISTORISCHEN MUSEUM DER STADT.

MUSÉE HISTORIQUE /// 9 RUE DU MARÉCHAL FOCH ///
67500 HAGUENAU /// 00 33 / 3 88 / 90 29 39 ///
WWW.MUSEUMSPASS.COM/MUSEEN/HAGUENAU/
DAS-HISTORISCHE-MUSEUM ///

DER AUGENZEUGE
Alfred Döblin im Elsass

Er wurde in Pommern als jüdischer Deutscher geboren und liegt in Lothringen als katholischer Franzose begraben. Den Ersten Weltkrieg erlebte er im damals deutschen Elsass-Lothringen, nach 1945 arbeitete er im französisch besetzten Baden am demokratischen Neuaufbau mit. Dazwischen entstand sein Roman *November 1918. Eine deutsche Revolution*, dessen erster Teil im Elsass spielt und erst lange nach seinem Tod vollständig erschien. Aber der Reihe nach.

Döblin war ab Januar 1915 im lothringischen Saargemünd als Zivilarzt für die bayerische Infanterie tätig. Nach einem Streit mit seinem Vorgesetzten wurde er im August 1917 nach Hagenau ins Elsass versetzt, wo er den Zusammenbruch, die Revolution und die Straßburger Räterepublik miterlebte. Als Deutscher musste er nach dem Waffenstillstand das Land verlassen und kehrte mit seiner Familie nach Preußen zurück. Von dort wiederum floh er 1933 vor den Nazis zurück nach Frankreich und ließ sich in Paris nieder. 1936 nahmen er und seine Familie die französische Staatsbürgerschaft an. Nahezu aller Möglichkeiten zur Veröffentlichung seiner Bücher beraubt, widmete sich Döblin in den folgenden Jahren seinem Opus Magnum, einem vierbändigen Romanwerk über die deutsche Revolution von 1918. Mit seinem elsässischen Freund, dem Literaturwissenschaftler Robert Minder, reiste er zu diesem Zweck im März 1938 an die elsässischen Originalschauplätze, die er 20 Jahre zuvor kennengelernt hatte. Im Oktober des gleichen Jahres las er aus dem Manuskript in Paris vor. Im November 1939, zwei Monate nach Ausbruch des Zweiten Weltkriegs, erschien der erste Band unter dem Titel *Bürger und Soldaten 1918* im Amsterdamer Querido Verlag, fand aber kaum Leser. 1948 wurde der Roman in Deutschland gedruckt, jedoch nur in einer stark gekürzten Version. Erst seit 1978 liegt der vollständige Text vor.

   Schauplätze des ersten Bandes von Döblins Roman *November 1918* sind Straßburg, Metz und eine »kleine Stadt«, hinter der sich Hagenau verbirgt.

WENDELTREPPE HINUNTER ZUR BISCHHEIMER MIKWE ///
COUR DES BOECKLIN /// 17 RUE NATIONALE /// 67800 BISCHHEIM ///
00 33 / 3 88 / 81 49 47 ///
JUDAISME.SDV.FR/SYNAGOG/BASRHIN/A-F/BISCHHEI/MIQVE.HTM ///

IM ALTEN JUDENBAD
Cour des Boecklin (Bischheim)

Die Cour des Boecklin im Straßburger Vorort Bischheim ist ein hübscher, grün gestrichener Fachwerkbau. Einst wurde er als Amtshaus der Ritter Böcklin von Böcklinsau errichtet, heute dient er als Kulturzentrum: mit einer Bibliothek und diversen Ausstellungsräumen. Doch der eigentlich Schatz liegt über sieben Meter unter dem Gebäude: Es ist eine Mikwe aus dem späten 16. Jahrhundert, eines der wertvollsten Zeugnisse jüdischer Kultur im Elsass.

Bischheim zählte früher zu den sogenannten Judendörfern, die nach dem Pogrom von 1349 vor den Toren Straßburgs entstanden. Da den Juden bis zur Französischen Revolution das Wohnrecht in der Stadt verwehrt blieb, konnten sie von hier aus zumindest die Märkte besuchen. Mit einem Bevölkerungsanteil von zeitweise über einem Drittel zählte die jüdische Gemeinde von Bischheim zu den bedeutendsten des Niederelsass, der Friedhof, die einstige Schule und die nach dem Krieg wieder neu errichtete Synagoge zeugen davon. Doch erst in den letzten Jahren wurde die kunsthistorische Bedeutung dieser Mikwe erkannt.

Das hebräische Wort bezeichnet ein Tauchbad, in dem gläubige Juden die in den Gesetzen vorgeschriebene rituelle Reinigung vollziehen. Da das Wasser »lebendig« sein muss, liegt das Becken häufig tief unter der Erde, wo es sich mit Grundwasser füllt. Auch die Bischheimer Mikwe ist diesem Typ zuzuordnen, eine kunstvoll gearbeitete Wendeltreppe führt auf 48 steinernen Stufen hinunter. Drei Steinmetz-Zeichen weisen auf Verbindungen zur Straßburger Münsterbauhütte hin. Auf halber Höhe befindet sich ein gewölbter Saal, in dem man sich entkleiden konnte. Selbst die originale Holztäfelung des Wasserbeckens ist teilweise erhalten, nur der Wasserzufluss ist mit der Rheinbegradigung im 19. Jahrhundert versiegt. 1989 wurde die Mikwe restauriert und dient heute als Museum.

🖉   Das Museum ist Dienstag, Mittwoch, Samstag und Sonntag 14–18 Uhr geöffnet, der Eintritt frei. Ein Rundweg erschließt weitere Orte jüdischer Geschichte.

DIE SKULPTUR »LES MAINS – DIE HÄNDE« DES FRANZÖSISCHEN KÜNSTLERS RAYMOND COUVÈGNES MARKIERT DEN GRENZVERLAUF IN DER MITTE DES STAUWEHRS.

PASSAGE 309 /// ECLUSES DU RHIN /// 67760 GAMBSHEIM ///
00 33 / 3 88 / 96 44 08 /// WWW.PASSAGE309.EU ///

DIE RÜCKKEHR DER LACHSE
Passage 309 (Gambsheim / Rheinau)

59

Sie springen wieder im Rhein, die Lachse. Zwar ist ihre Zahl noch überschaubar, und lange wird es wohl dauern, bis statt norwegischem Lachs wieder heimischer auf oberrheinischen Speisekarten zu finden ist. Aber ein Anfang ist gemacht, ausgerechnet an dem Ort, der für die Lachse einst das Aus bedeutete.

Zehn Wasserkraftwerke gibt es zwischen Basel und Karlsruhe. Sie erzeugen umweltfreundliche Energie, zerschneiden aber auch traditionelle Lebensräume. Nicht zuletzt für Wanderfische wie Lachs, Forelle und Aal sind Staustufen unüberwindliche Barrieren, bis vor Kurzem auch die von Gambsheim. 1974 war sie als deutsch-französisches Gemeinschaftsprojekt auf einer nördlich von Straßburg gelegenen Rheininsel entstanden, mit einem Wehr auf deutscher, zwei Schleusen und einem Wasserkraftwerk auf französischer Seite sowie einer beide Ufer verbindenden Straße.

Lachs 2000 heißt das Programm, das die Rückkehr dieser und anderer Fischarten ermöglichte. 1987 beschlossen, wurde 13 Jahre später bei Iffezheim eine erste Fischtreppe eingeweiht. 2006 folgte eine weitere bei Gambsheim. Die 290 Meter lange Anlage, eine der größten und modernsten ihrer Art, ermöglicht es Fischen, die Staustufe über eine Kaskade von 39 Becken zu umgehen. Den Bau selbst hätte ich mir zwar etwas hübscher gewünscht, aber das ist den Fischen egal. Uns Menschen hat man trotzdem nicht vergessen: Ein Besucherzentrum informiert seit 2007 über das Rhein-Programm, drei große Glasfenster ermöglichen es, die Fische bei ihrem Aufstieg zu beobachten. Da Eintritt und Führung kostenpflichtig sind, sollte man den Besuch in die Monate Mai, September oder Oktober legen, wenn die meisten Fische unterwegs sind. Eine Garantie gibt es freilich nicht, nur einen kleinen Trost: ein Aquarium.

Im benachbarten Offendorf, einst die größte Schiffersiedlung Ostfrankreichs, kann ein restauriertes und zum Museum umgebautes Binnenfrachtschiff besichtigt werden.

165

LA
FRANCE
A
T·VRENNE

ARRAS   LES
ENTZHEIM   DVNES
SINTZHEIM   TVRKHEIM

TURENNE-MUSEUM /// TURENNEWEG 24 /// 77880 SASBACH ///
0 78 41 / 2 60 79 /// WWW.HDGBW.DE/AUSSTELLUNGEN/
DEZENTRALE-AUSSTELLUNGEN/TURENNE-MUSEUM/ ///

VOM SIEGES- ZUM FREUNDSCHAFTSDENKMAL
Turenne-Museum (Sasbach)

Es war ein Sommertag des Jahres 1675. Die beiden gegnerischen Heere hatten bei Sasbach Stellung bezogen, kaiserliche Truppen auf der einen Seite, französische auf der anderen. An ihrer Spitze stand einer der genialsten und zugleich umstrittensten Feldherren der Geschichte: Marschall Turenne. Ein Sieg im sogenannten Holländischen Krieg, an dem zahlreiche europäische Mächte beteiligt waren, sollte seine langjährige Laufbahn krönen. Vor Beginn der Schlacht machte er einen Erkundungsritt über das Gelände. Doch plötzlich raste eine Kanonenkugel genau auf ihn zu …

Der Ort, an dem Turenne starb, gehörte bis zur Französischen Revolution zum weltlichen Besitz des Bischofs von Straßburg. 1785 ließ Kardinal Rohan in seiner Funktion als Straßburger Erzbischof hier eine zweisprachige Turenne-Stele und daneben ein Wächterhaus errichten, aus gutem Grund: Mit der nationalen Heldenverehrung auf der einen Seite wuchs auf der anderen der Unmut über dieses französische Denkmal auf deutschem Boden. Die Folge war, dass sich Vergrößerungen und Zerstörungen bis 1945 in schöner Regelmäßigkeit abwechselten. Das gegenwärtige Monument, ein großer Obelisk aus Granit, ist bereits das vierte an dieser Stelle.

Doch dann kam es zu jener Wende, die mir den Ort wichtig werden ließ: 1998 erwarb die Gemeinde das Areal und machte daraus einen Ort der deutsch-französischen Erinnerung und friedlichen Begegnung. Das 2001 im alten Wächterhaus neu eröffnete Museum erläutert nicht nur die wechselvolle Geschichte des Denkmals, sondern stellt sie in den größeren Zusammenhang aller deutsch-französischen Kriege, die nach Turenne noch so vielen anderen das Leben kosten sollten. Wo einst die französische Garnison aufmarschierte, befindet sich jetzt eine Allee der Versöhnung.

🖋 Im Nachbarort Achern steht an der Hauptstraße 66 das Haus von Bertolt Brechts Großmutter, die dieser als *Die unwürdige Greisin* literarisch verewigt hat.

HANS MICHEL MOSCHEROSCH

(PHILANDER VON SITTEWALD)

1601-1669

E. KRON

DAS MOSCHEROSCH-DENKMAL IST EIN WERK DES STRASSBURGER BILDHAUERS EDOUARD KRON UND BEFINDET SICH NEBEN DER PFARRKIRCHE. VON DORT SIND ES NUR WENIGE SCHRITTE ZUR KINZIGBRÜCKE.

RESTAURANT KINZIGBRÜCKE /// SANDGASSE 1 /// 77731 WILLSTÄTT /// 0 78 52 / 22 80 /// WWW.KINZIGBRUECKE.DE ///

DAS HAUSS, DARINN ICH BIN AN DIESE WELT GEBOHREN ...

Moscherosch-Denkmal (Willstätt)

61

Am 9. Juni des Jahres 1907 herrschte wahres Kaiserwetter. Neben der barocken Pfarrkirche (1755/56) von Willstätt hatten eine Musikkapelle und ein Chor Aufstellung genommen, Pfarrer und Bürgermeister sowie die Germanisten Johannes Beinert aus Karlsruhe und Ernst Martin aus Straßburg hielten Ansprachen. Dann wurde das an einen Obelisken erinnernde Denkmal aus Granit feierlich enthüllt. Es zeigt oben das Porträt und nennt unten den Namen jenes Mannes, der an diesem Tag geehrt wurde: Hans Michael Moscherosch alias Philander von Sittewalt.

Die Initiative dazu ging wesentlich auf Johannes Beinert zurück. Er stammte aus dem heute zur Gemeinde Willstätt gehörenden Dorf Eckartsweier und hatte sich mit eiserner Disziplin vom Bauernsohn zum Doktor der Philosophie hochgearbeitet. 1903 promovierte er über Moscherosch, zwei Jahre später begann er bei Vorträgen Spenden für ein Denkmal zu sammeln. Doch wer war Moscherosch?

Sein Pseudonym Sittewalt bildete er aus den Buchstaben von Willstätt, wo er 1601 zur Welt kam. Im Alter von elf Jahren ging er nach Straßburg, wo er das Gymnasium und später die Universität besuchte. Später arbeitete er als Amtmann in Lothringen und dem Elsass. Dort entstanden seine *Gesichte verteutscht durch Philander von Sittewalt* ein satirisch-zeitkritischer Roman, der zu den populärsten Werken der Barockzeit gehörte. Doch nach seinem Tod geriet er in Vergessenheit.

Heute ist das anders: Anlässlich seines 400. Geburtstages feierte Willstätt seinen größten Sohn mit einem mehrmonatigen Fest: Die schönen Fachwerkhäuser und das romantische Kinzig-Ufer waren Kulisse für Konzerte und Liederabende, Theateraufführungen und einen historischen Markt. Mit dem Umbau der Alten Mühle zum neuen Gemeindezentrum und der Sanierung der Alten Kinzig macht sich Willstätt zur Zeit fit für das 21. Jahrhundert.

✏ Das in einem Fachwerkhaus des 18. Jahrhunderts untergebrachte Restaurant Kinzigbrücke wurde von zahlreichen Gourmet-Führern ausgezeichnet.

BAROCKE KÜNSTLERKLAUSE
Silberner Stern (Oberkirch)

62

Hoch über dem für seine Weine und sein Obst bekannten Städtchen Oberkirch thront auf einem Bergsporn die Schauenburg aus dem 11. Jahrhundert. Der Blick von der gut erhaltenen Ruine auf das Renchtal und in die Rheinebene ist ebenso reizvoll wie der Weg hinauf oder hinunter, der durch schöne Weinberge führt. Als Ziel lockt zu Füßen der Burg, im Ortsteil Gaisbach, ein schönes Gasthaus: der sowohl kulinarisch als auch literarisch reizvolle *Silberne Stern.* Hier lebte und arbeitete einer berühmtesten Romanschriftsteller des Barock-Zeitalters, Hans Jakob Christoffel von Grimmelshausen.

Der Bäckersohn aus dem hessischen Gelnhausen wurde als Kind von kroatischen Soldaten entführt und lernte dadurch früh die Schrecken des Dreißigjährigen Krieges kennen. Zehn Jahre lang war er in Offenburg als Festungsschreiber und Regimentssekretär tätig, wo er dem Stadtkommandanten Hans Reinhard von Schauenburg auffiel. 1650 holte ihn dieser als Verwalter auf seine Burg nach Oberkirch. Daneben arbeitete Grimmelshausen in Gaisbach als Gastwirt, Pferdehändler und Autor: Sein berühmter Simplizissimus-Roman ist ebenso hier entstanden wie die *Courasche,* die Brecht zu seiner *Mutter Courage* inspirierte.

Seit damals scheint im *Silbernen Stern* die Zeit stehen geblieben zu sein. Ob in der historischen Gaststube, dem alten Gewölbekeller oder dem romantischen Biergarten: Überall sieht es so aus, als könnte Grimmelshausen gleich um die Ecke biegen. Und auch die heutige Speisekarte hätte dem dichtenden Wirt vermutlich gefallen: Wie seine barocken Romane sind die angebotenen Gerichte mal leichte und mal schwerere Kost, zugleich weltoffen und doch regional verwurzelt. Die Rezepte stammen übrigens von beiden Seiten des Rheins, schließlich war der Dichter mit einer Elsässerin verheiratet.

Im *Silbernen Stern* zeigt der Wirt gern das einstige Arbeitszimmer von Grimmelshausen, in Oberkirch und Renchen informieren je ein Museum über den Dichter.

SCHLOSS STAUFENBERG /// SCHLOSS 1 /// 77770 DURBACH ///
07 81 / 92 46 58 38 /// WWW.SCHLOSS-STAUFENBERG.DE ///

VON WEINFÜRSTEN UND WASSERFRAUEN
Schloss Staufenberg (Durbach)

Auf der Spitze eines Weinberges, hoch über dem bekannten Weinort Durbach, thront Schloss Staufenberg, ein himmlischer und zugleich märchenhafter Ort. Im Mittelalter soll hier der Kreuzritter Diemringer von Staufenberg gewohnt haben, der sich in eine Wassernymphe namens Undine verliebte. Als er sein Eheversprechen brach, ereilte ihn deren Fluch: Drei Tage nach seiner Hochzeit mit einer anderen Frau starb er … Es ist die älteste Version jener berühmten Sage, die auch Paracelsus und Joachim von Arnim, Friedrich de la Motte Fouqué und E. T. A. Hoffmann inspirierte. Und natürlich steckt in ihr ein wahrer Kern: Im 12. Jahrhundert starben die Grafen von Staufenberg nämlich plötzlich aus.

Seit dem 17. Jahrhundert ist die Staufenburg im Besitz des Hauses Baden, das daraus ein international führendes Weingut machte. 1782 ließ der damalige Markgraf an den Steillagen des Klingelbergs erstmals sortenreinen Riesling anpflanzen, seitdem wird die Rebsorte in der Ortenau auch als Klingelberger bezeichnet. Die heute vom Weingut Markgraf von Baden bewirtschaftete Rebfläche umfasst 25 Hektar, weitere 110 Hektar am Bodensee kommen hinzu. Produziert wird neben Wein auch Sekt sowie verschiedene Destillate. Jeden Sonntagnachmittag findet im Schloss eine Weinprobe statt, an der auch Kurzentschlossene teilnehmen können.

Am besten schmeckt mir der Wein freilich auf der herrlichen Sonnenterrasse des Schlosses. Schon der Weg hinauf ist ein Erlebnis, ob mit dem Auto oder zu Fuß. Er schlängelt sich durch Weinberge und gibt immer wieder wunderschöne Ausblicke frei. Von der Terrasse aus schweift der Blick dann über den mittleren Schwarzwald oder in die Rheinebene bis weit ins Elsass hinein. Außerdem informiert ein kleines Museum über die fast tausendjährige Geschichte des Ortes.

🖎 Im Durbacher Hotel *Vier Jahreszeiten* eröffnete 2010 mit der Sammlung Hurrle ein Museum für aktuelle Kunst. Der Besuch des Skulpturengartens ist kostenlos.

1994 wurde vor dem Straßburger Einkaufszentrum Les Halles die Skulptur *Woman walking to the sky* des US-amerikanischen Künstlers Jonathan Borofsky aufgestellt. Sechs Jahre später wurde auch das benachbarte Offenburg zur Borofsky-Stadt: mit der 20 Meter hohen Aluminium-Installation *Freiheit – Männlich / Weiblich.* Das in jeder Hinsicht überragende Werk hat das Zeug zum Wahrzeichen der Freiheits-Stadt, wie sich Offenburg gerne nennt, schließlich war hier ein Zentrum der Badischen Revolution (1847 – 49). Damals formulierten im Gasthaus zum Salmen über 800 Menschen das erste demokratische Programm Deutschlands: die 13 *Forderungen des Volkes.*

Doch das Freiheitsdenkmal steht nicht dort, sondern auf dem 15.000 Quadratmeter großen Gelände einer ehemaligen Kaserne. Sie wurde ab 1898 errichtet und beherbergte abwechselnd ein badisches Infanterie-Regiment, Notwohnungen, Gewerbebetriebe, Behörden, Einheiten der Wehrmacht und ehemalige Zwangsarbeiter. Unter dem Namen »Quartier Montalègre« war das Ensemble dann bis 1992 eine französische Kaserne.

In den folgenden Jahren verwandelte sich der einstige Ort militärischer Konfrontation in einen der künstlerischen Begegnung: Der einst graue Exerzierplatz ergrünte und erhielt den neuen Namen »Platz der Verfassungsfreunde«. Die Kasernenbauten wurden modernisiert und beherbergen nun Bibliothek und Volkshochschule, Kunst- und Musikschule. Und die einstige Reithalle verwandelte sich in einen Veranstaltungs- und Theatersaal. Besonders gelungen finde ich das KiK – Kultur in der Kaserne. Die vom Offenburger Kulturkreis getragene Einrichtung betreibt ein Kulturcafé und bietet rund 150 Veranstaltungen pro Jahr an, von der Vernissage über Lesungen bis hin zum Hiphop-Konzert. Hatte nicht schon der Maler Anselm Feuerbach vor 150 Jahren geschrieben, Offenburg sei eine »sehr gebildete Stadt«?

✍ Am Kulturforum und im Offenburger Salmen führt das 2005 gegründete Ensemble Baal Novo mehrsprachige, vorwiegend deutsch-französische Stücke auf.

JUGENDHERBERGE SCHLOSS ORTENBERG /// BURGWEG 21 ///
77799 ORTENBERG /// 07 81 / 3 17 49 /// WWW.ORTENBERG.DE ///

JUNGE LEUTE, ALTE STEINE
Schloss Ortenberg

Wer träumt nicht davon, wenigstens einmal im Leben ein Schlossherr oder eine Schlossherrin zu sein … In der Ortenau ist dieser Traum zum Greifen nah. Direkt am Eingang zum Kinzigtal liegt auf einer sagenhaft schönen Anhöhe das Schloss Ortenberg. Seit über 70 Jahren fungiert der stolze Bau, dem die Region ihren Namen verdankt, als eine er schönsten Jugendherbergen Deutschlands. Die 146 Betten stehen auf Anfrage Gästen aller Altersklassen zur Verfügung.

Wie die meisten Burgen im Land kann auch diese auf eine 1000-jährige Geschichte zurückblicken: Im 11. Jahrhundert für das schwäbische Fürstengeschlecht der Zähringer errichtet, diente sie von der Stauferzeit bis zu ihrer Zerstörung im 17. Jahrhundert als Sitz des Landvogts der Ortenau, danach als Gefängnis. 1834–43 ließ ein baltischer Baron und Kaufmann aus Riga neben der alten Burgruine mit ihren düsteren Verliesen das heutige Schloss im englischen Stil errichten. Bis zu seinem Tod 1863 lebte er hier mit seiner Tochter Alexandra von Berckholtz, einer damals bekannten Malerin. Ihr einstiges Atelier im sogenannten Malerturm dient heute als Trauzimmer.

Wer nicht gleich heiraten will, kann mit seiner oder seinem Liebsten einfach nur ein Wochenende hier verbringen. Zum Angebot der Jugendherberge gehören Zimmer in unterschiedlicher Größe, fünf Gemeinschaftsräume, ein Spielekeller und eine Diskothek. Doch der eigentliche Trumpf liegt nicht im Schloss, sondern drumherum. Zahlreiche Wanderwege führen durch eine herrliche Landschaft. Nur zwei Kilometer sind es auf das Hohe Horn, Ortenbergs Hausberg. Ebenso kurz ist der Weinlehrpfad, der vom Schloss zum gleichnamigen Weingut führt. Und auch der Ort zu Füßen der Burg wartet mit hübschen Fachwerkhäusern und malerischen Winkeln auf.

✍ Zu Füßen der Burg lockt Edy's Restaurant im Glattfelder mit seiner Gourmetküche, seiner Gewürzmanufaktur und seiner beeindruckenden Kunstsammlung.

**KÜNSTLERMARKT BEIM LÖWENART KUNST- UND MUSIKFESTIVAL ///
KULTURGASTSTÄTTE LÖWE /// HAUPTSTRASSE 40 ///
77743 NEURIED-ICHENHEIM /// 0 78 07 / 95 84 00 ///
WWW.KULTURVEREIN-ICHENHEIM.DE ///**

LÄWE IM LEWE
Kulturgaststätte Löwe (Neuried)

Einst gehörte die Gegend zu einer elsässischen Grafschaft, im 19. Jahrhundert entwickelte sich der Ortsteil Ichenheim zur größten Tabakanbaugemeinde Deutschlands: Die südlich von Kehl gelegene Verbandsgemeinde Neuried ist eben in jeder Hinsicht ein Sonderfall. Der Rhein schuf hier nicht nur eine charakteristische Riedlandschaft, sondern einen besonderen Menschenschlag. Häufige Hochwasser und andere Naturkatastrophen schweißten die Bewohner zusammen, die gelernt hatten, wenn nötig die Ärmel hochzukrempeln, aber auch den Moment zu genießen. Anders wäre folgende Geschichte wohl nicht möglich gewesen.

In Neuried-Ichenheim steht gegenüber der Weinbrenner-Kirche das Gasthaus zum Löwen. Nach einem Brand ließ der Löwenwirt 1928 einen neuen Festsaal errichten, mit einem mächtigen Runddach aus Holz (sog. Zollinger Bauweise). Zahlreiche Tanz- und andere Veranstaltungen fanden hier statt. 1948 kam noch ein Kino, pardon, ein Lichtspieltheater hinzu. Doch seit den 70er-Jahren leerte sich der Saal, am Ende dachte man sogar über Abriss nach.

Doch so leicht gibt man im Ried nicht auf, stattdessen wurde der denkmalgeschützte Bau von engagierten Bürgern wiederbelebt. Erst zogen eine Kunstschreinerei und ein Weltladen ein, dann folgten ein Vollwert-Restaurant und ein Café. 2002 begann ein neu gegründeter Kulturverein damit, den von Ehrenamtlichen teilweise sanierten Löwensaal wieder zu bespielen: mit anspruchsvollen Konzerten, Lesungen und Theateraufführungen. Eine Kino AG sorgt zudem für eine Wiederbelebung der alten Lichtspiel-Tradition. Höhepunkt für mich ist das sommerliche LöwenART Kunst- und Musikfestival, das seit 2010 stattfindet und mit seinem Künstlermarkt und Konzertprogramm längst eine überregionale Größe geworden ist.

✍ Jeden Sonntag Nachmittag öffnet im Ortsteil Altenheim das Heimatmuseum von Neuried und informiert anschaulich über das frühere Leben in der Gegend.

Friederike Brion
von Sesenheim gewidmet.
* 12.IV.1752 † 3.IV.1813
Ein Strahl der Dichtersone fiel auf sie,
So reich, daß er Unsterblichkeit ihr lieh.

AN DER AUSSENMAUER DER MEISSENHEIMER KIRCHE BEFINDET SICH DAS
GRAB VON FRIEDERIKE BRION, DAS SESSENHEIMER GOETHE-MUSEUM
ERINNERT AN IHR LEBEN.

MUSÉE GOETHE – RESTAURANT AU BOEUF /// 1 RUE DE L'EGLISE ///
67770 SESSENHEIM /// 00 33 / 3 88 / 86 97 14 ///
WWW.PAMINA-RHEINPARK.ORG/PAMINA2006/DE/
M_SESSENHEIM_00.HTML ///

DIE GELIEBTE
Friederike Brion am Oberrhein

Das Heideröslein zählt zu Goethes bekanntesten Gedichten, doch die darin beschriebene »morgenschöne« Frau, die am Ende ihren Stachel ausfährt, gab es wirklich. Ihr Name ist Friederike alias Frédérique Brion, ihr Geburtshaus im elsässischen Niederrœdern steht noch heute. Sie war eines von zehn Kindern des Pastors Johann Jakob Brion, freilich erreichten nur fünf Geschwister das Erwachsenenalter.

1765 zog die Familie nach Sessenheim, wo Friederike 1771 einem gewissen Goethe begegnete: » ... und da ging an diesem ländlichen Himmel der allerliebste Stern auf«, erinnerte sich dieser noch Jahrzehnte später. Doch auch der damals 18-jährigen Pfarrerstochter scheint der 21-jährige Jurastudent auf Anhieb gefallen zu haben. Nach der Trennung im Jahr darauf bemühte sich Goethes Freund Jakob Lenz um sie, freilich mit weniger Erfolg. Beide verfassten auf Friederike Gedichte, die als Sesenheimer Lieder in die Geschichte eingingen und einen ganz neuen Ton in die Literatur einbrachten. Noch heute ist nicht immer ganz klar, welche Verse von Lenz und welche von Goethe stammen.

Nach dem Tod ihrer Eltern zog Friederike 1787 nach Rothau in die Vogesen. Mit ihrer Schwester Sophie betrieb sie dort einen Töpferladen und eine Herberge für Mädchen, die in der Schule von Pfarrer Oberlin Französisch lernten. 1801 wechselte sie auf die badische Rheinseite, um ihre erkrankte Schwester Marie-Salomé in Diersburg und später in Meißenheim bei deren Aufgaben als Pfarrfrau zu unterstützen. Sechs Jahre nach ihrer Schwester starb auch sie und wurde hinter der Meißenheimer Kirche beigesetzt. 1866 wurde ihr völlig verwahrlostes Grab neu gestaltet. Doch leider belässt der neue Grabspruch ihre eigenständige Lebensleistung im Dunkeln und benennt als Lichtquelle nur Goethe: »Ein Strahl der Dichtersonne fiel auf sie, so reich, dass er Unsterblichkeit ihr lieh.«

✍ Im Sessenheimer Gasthof Au Boeuf informiert ein privates Museum über das berühmte Liebesidyll, auch die Meißenheimer Schule wurde nach Friederike Brion benannt.

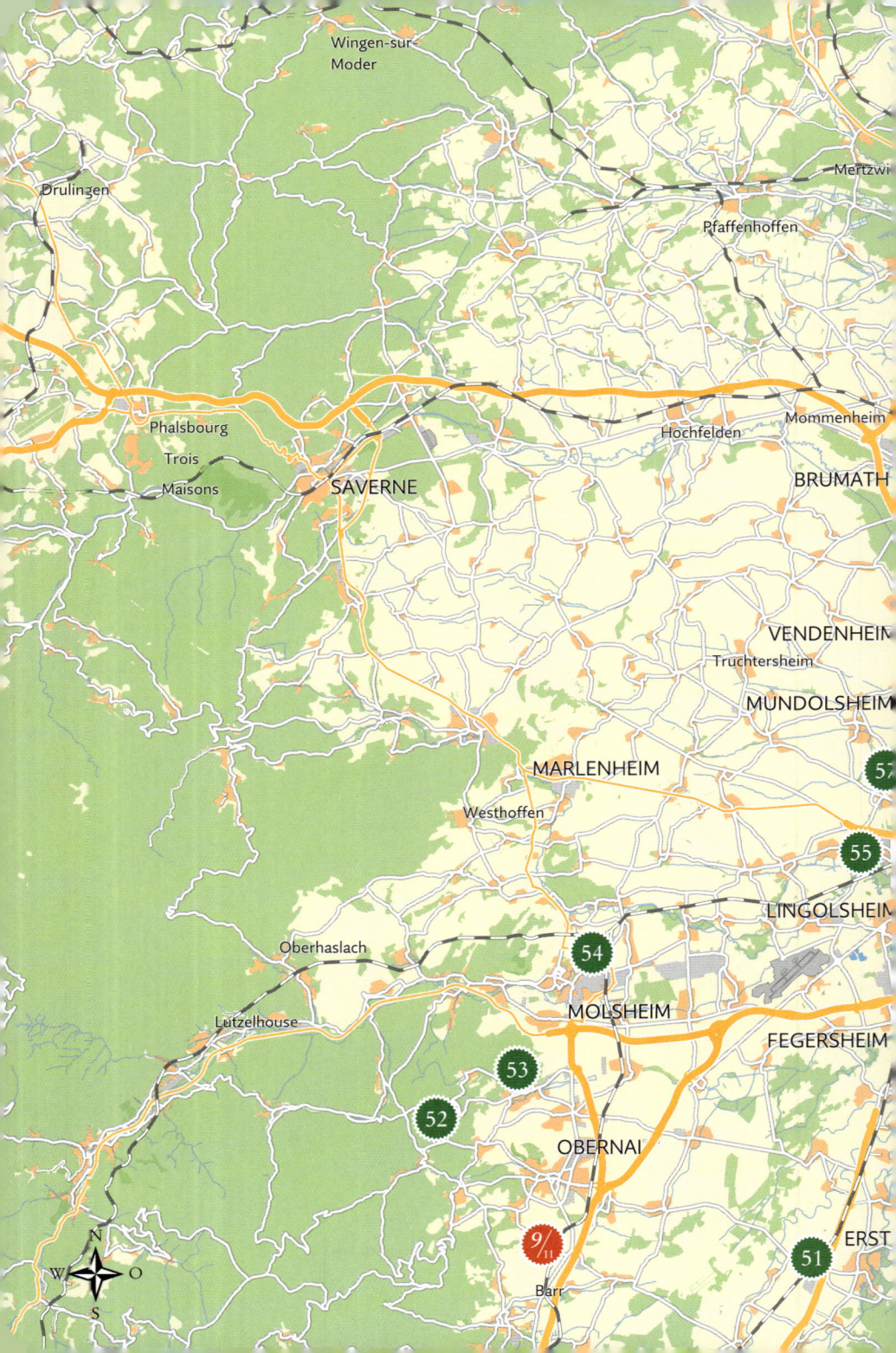

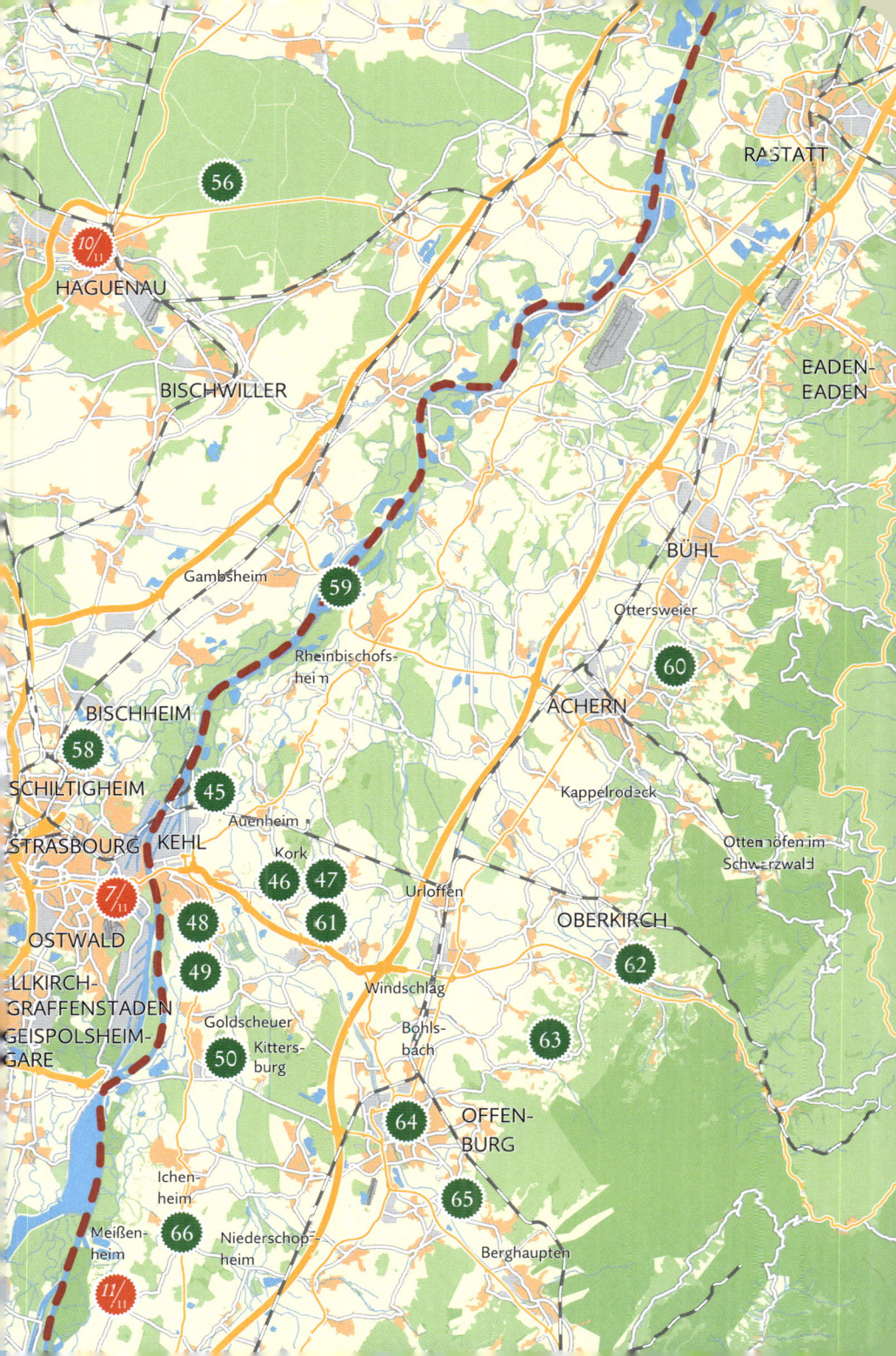

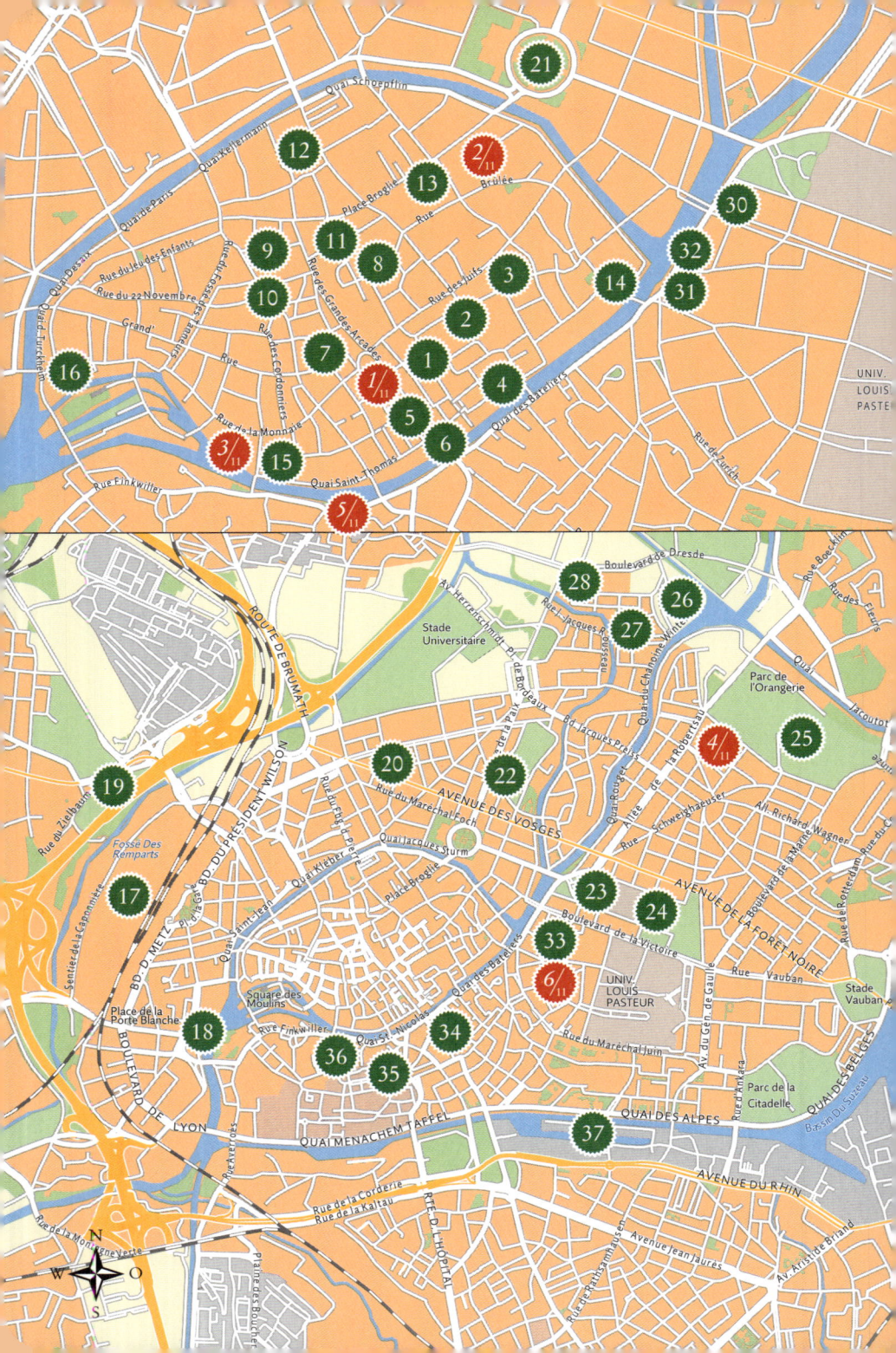

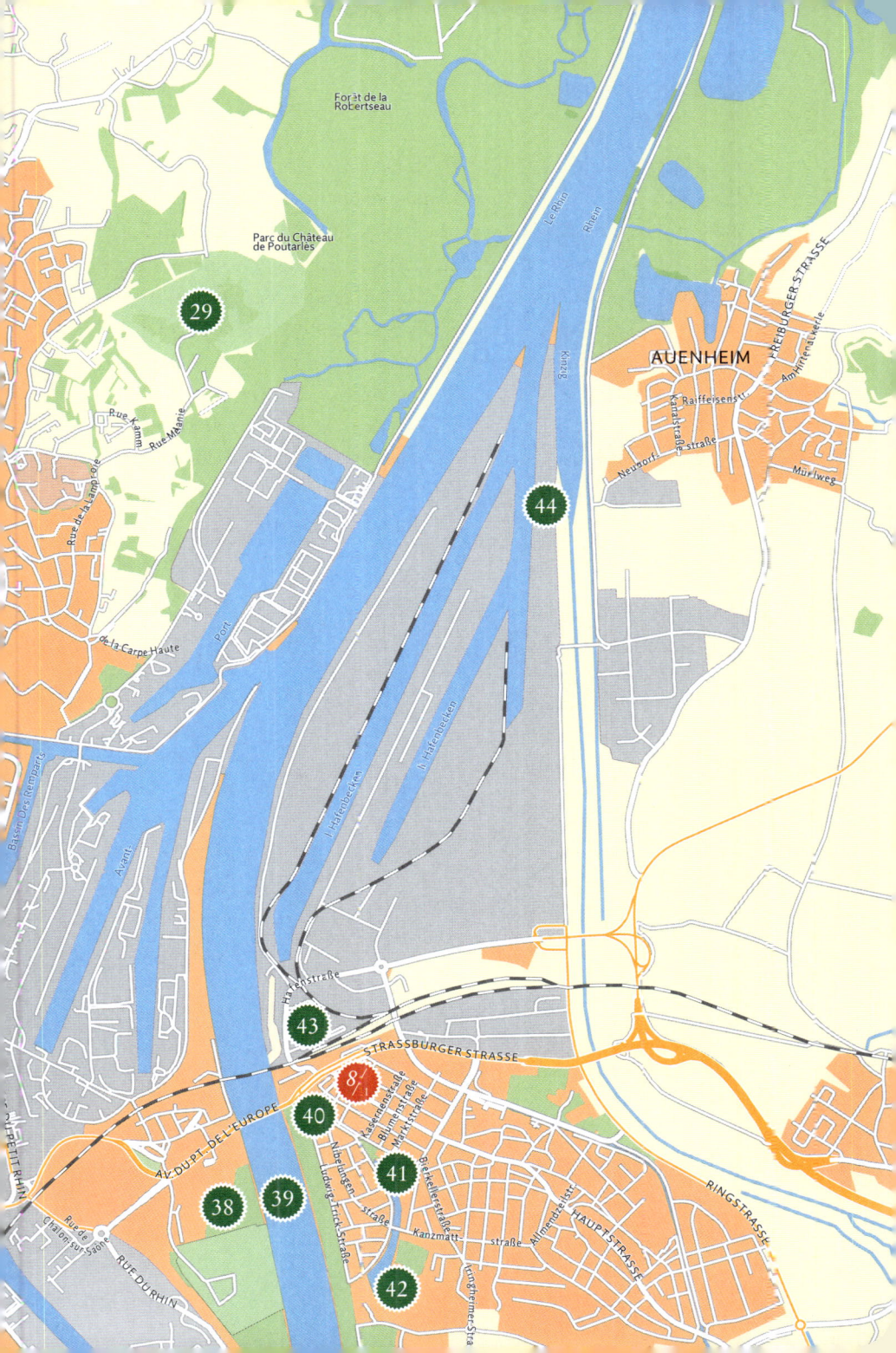

BILDVERZEICHNIS:

Alle Bilder im Band stammen vom Autor Stefan Woltersdorff.
Seite 18: Stefan Woltersdorff, mit freundlicher Genehmigung des Centre des Monuments Nationaux (CNM, Paris).

THOMAS ERLE
Höllsteig
. . . .
978-3-8392-1748-1 (Paperback)
978-3-8392-4759-4 (pdf)
978-3-8392-4758-7 (epub)

»Lothar Kaltenbach ermittelt in seinem dritten Fall.«

Im Weinberg von Weinhändler Lothar Kaltenbachs
Onkel am Kaiserstuhl wird ein unbekannter Toter
gefunden. Am Tag darauf verschwindet Kaltenbachs
Freund Walter spurlos. Als er erfährt, dass ein vor Kurzem entlassenes ehemaliges RAF-Mitglied und Freund
von Walter wieder zurückgekehrt ist, macht sich Kal-
tenbach an die Ermittlungen. Die Spuren führen ihn
weit in seine eigene Vergangenheit der Siebzigerjahre
zurück. Haben die Verwicklungen von damals auch
mit den Morden von heute zu tun?

THOMAS ERLE
Freiburg und die Regio
für Kenner

. . . .

978-3-8392-1704-7 (Paperback)
978-3-8392-4685-6 (pdf)
978-3-8392-4684-9 (epub)

»66 Lieblingsplätze und 11 Schwarzwaldhöhepunkte«

Freiburg ist die Stadt mit dem Krokodil im Kanal, dem Münster am Markt und dem Bertold am Brunnen. Doch wussten Sie, dass in Freiburg eine Pferdeskulptur regelmäßig neu bemalt wird? Dass eine Brücke den magisch realistischen Namen »Wiwilí« trägt? Folgen Sie Thomas Erle an seine Lieblingsplätze in Freiburg und der Umgebung – etwa ins Jesuitenschloss Merzhausen oder in das deutschlandweit einmalige Tagebucharchiv Emmendingen. Und weil Ausflüge in den Schwarzwald locken, zeigt dieser Band außerdem 11 Schwarzwaldhöhepunkte.

KULTUR

GMEINER

☞ Unsere Novitäten im Juni 2015

978-3-8392-1783-2

978-3-8392-1785-6

978-3-8392-1788-7

978-3-8392-1787-0

978-3-8392-1784-9

978-3-8392-1786-3